KB270002

문학으로 보는 일상과 인생

대체 왜 자꾸 꿈을 물어요?

교실 밖의 질문 2

문학으로 보는 일상과 인생

대체 왜 자꾸 꿈을 물어요?

초판 1쇄 인쇄 2025년 7월 31일
초판 1쇄 발행 2025년 8월 14일

글 오승현
그림 도아마

펴낸곳 도서출판 개암나무(주)
펴낸이 김보경
경영관리 총괄 김수현 **경영관리** 배정은 조영재
편집 조원선 김소희 오은정 이혜인 **디자인** 이은주 **마케팅** 이기성
출판등록 2006년 6월 16일 제22-2944호

주소 서울특별시 용산구 한남대로40길 19, 4층(한남동, JD빌딩) (우)04417
전화 (02)6254-0601, 6207-0603 **팩스** (02)6254-0602 **E-mail** gaeam@gaeamnamu.co.kr
개암나무 블로그 http://blog.naver.com/gaeamnamu **개암나무 카페** http://cafe.naver.com/gaeam

ⓒ 오승현, 도아마, 2025
이 책의 저작권은 저자에게 있습니다.
저자와 출판사의 허락 없이 내용의 일부를 인용하거나 발췌하는 것을 금합니다.

ISBN 978-89-6830-877-2 43300
ISBN 978-89-6830-873-4 (세트)

문학으로 보는 일상과 인생

대체 왜 자꾸 꿈을 물어요?

오승현 글 도아마 그림

개암나무

삶이 묻고 문학이 답하다

우리는 살아가면서 일상에서 크고 작은 선택을 한다. 공부할지 말지, 쇼츠를 볼지 말지, 힘들어도 계속할지 말지 결정한다. 그러다 보면 문득 '공부는 왜 해야 할까?' '시간을 잘 보내고 있을까?' '꿈을 좇아야만 행복할까?' 같은 질문을 하게 된다. 이런 질문은 일상 가운데 떠오르면서도 인생 전체를 관통하는 중요한 문제다. 우리는 스스로 질문에 답하며 성장하고, 자신만의 길을 찾아간다.

우리는 질문할 때 새로운 길을 발견한다. 시인 메리 올리버는 《휘파람 부는 사람》에서 "우주가 우리에게 준 두 가지 선물은 사랑하는 힘과 질문하는 능력"이라고 했다. "왜?"라고 묻지 않으면 문제를 당연하게 여기며 못 보고 지나치게 된다. 질문을 던져야 지금껏 보지 못한 것을 발견할 수 있다. 세상에는 질문할 줄 모르는 사람도 많다. 다 안다고 생각하면 질문하지 않는 법이다. 자신이 무엇을 모르는지 알아야 비로소 앎이 시작된다.

이 책은 삶의 갈림길에 선 이들에게 길잡이가 되어 줄 질문을 던진다. 그리고 문학 작품을 통해 답을 찾는다. 작품 속 주인공들은 각자의 방식으로 삶의 방향을 모색한다. 《수레바퀴 아래서》의 한스는 공부의 의미를 되새기고, 《달과 6펜스》의 스트릭랜드는 꿈과 현실 사이에서 방황한다. 《모모》는 시간이 누구의 것인지 묻고, 《어린 왕자》는 나를 잃어버리지 않고 어른이 되려면 어떻게 해야 하는지 고민한다. 이야기를 읽다 보면 주인공의 고민이 우리의 고민과 닮아 있음을 발견하게 된다.

왜 오래된 책을 읽어야 할까? 어느 학생이 교수에게 인기 있는 베스트셀러를 읽었느냐고 물었다. 읽지 않았다고 하자 학생은 출간된 지 벌써 몇 달이 지났다며 빨리 읽으라고 권했다. 그러자 교수는 학생에게 《변신》을 읽었느냐고 되물었다. 읽지 않았다는 학생에게 교수는 "그 책이 나온 지 110년이나 됐으니 얼른 읽어 보게나"라고 말했다. 인간이 가진 생각과 욕망은 시대를 초월해 되풀이된다. 오랜 시간 꾸준히 사랑받은 책을 읽는다는 것은 수많은 사람에 의해 검증된 지혜를 얻는 일이다.

문학은 우리가 겪지 못한 일을 간접적으로 체험하도록 돕고 다양한 관점에서 세상을 바라볼 수 있도록 한다. 이 책은 문학 속 인물을 따라가며 자신을 돌아보고, 작품이 던지는 질문에 자신만의 답을 찾아가는 여정이다. 문학이 주는 깊은 통찰로 나 자신과 세상을 다시 돌아볼 수 있을 테다. 이 책을 통해 스스로 삶의 방향을 모색하고 새로운 시각으로 세상을 바라보기를 바란다.

오승현

시간
모모
미하엘 엔데

어느 마을에 낡은 옷을 걸친 모모라는 아이가 찾아온다. 사람들은 모모를 애정으로 돌봐 주었고 모모는 큰 눈을 반짝이며 사람들의 이야기를 들어 주었다. 그러던 어느 날 회색 신사라고 불리는 수상한 남자들이 나타나는데……

바쁘게 살다 보면
언젠가는 행복해질까?

모모에게 특별한 재주가 있다고?

***

도시 끝자락 가난한 마을에 폐허가 된 원형 극장이 있다. 길을 잘못 든 사람이나 오는 이곳에 모모가 산다. 모모는 천을 길게 이어 붙인 알록달록한 치마와 헐렁한 성인용 윗옷을 걸치고 맨발로 돌아다니는 떠돌이 소녀다.

모모는 자기 이름도 부모도 고향도 모른다. 나이를 물어보면 백 살이라고 대답한다. 장난치지 말라고 하니, 백두 살이라고 고쳐 말한다. 숫자를 모르고, 덧셈이나 뺄셈도 배운 적이 없다. 처음에는 모모를 마을 사람 집에 머물게 하려고 했다. 그러나 모모는 알아서 살 수 있다며 공터에서 지내게 해 달라고 한다.

마을 사람들은 생판 모르는 모모를 환대해 준다. "한 아이를 키우려면 온 마을이 필요하다"라는 아프리카 속담처럼 저마다의 방식으로 모모를 정성껏 돌봐 준다. 미장이는 조그만 벽난로를 지어 주고 목수 할아버지는 책상과 의자를 만들어 준다. 벽에는 예쁜 꽃 그림을 그려 준다. 부인들은 침대와 담요를 가져다주고 아이들은 음식을 들고 찾아온다.

이렇게 보면 모모가 도움만 받는 것 같지만 그렇지 않다. 모모에게는 특별한 재주가 있다. 바로 남의 말을 귀담아듣는 재주다. 모모는 가만히 앉아 상대방의 이야기에 관심을 보이며 온 마음으로 귀 기울여 듣는다. 중간에 끊지 않고 두 시간이고 세 시간이고 끝까지 들어 준다.

이때 놀라운 일이 일어난다. 말하던 사람이 스스로 답을 찾아내는 것이다. 해답을 찾지 못하던 사람도, 결정을 내리지 못하던 사람도 모모에게 말하다 보면 실마리나 돌파구를 발견한다. 무슨 일만 생기면 "아무튼 모모에게 가 봐!"라고 권할 정도다. **모모는 이야기를 들어 주는 것만으로도 사람들의 기운을 북돋우는 신비로운 힘을 지녔다.**

남의 말을 잘 듣기는 쉽지 않다. 오죽하면 공자도 60세가 돼서야 비로소 "귀가 순해진다"라고 했을까? 공자가 말한 이순(耳順)은 60세를 달리 이르는 말로, 귀와 마음이 부드럽게 열려서 사사로운 감정에 휘둘리지 않고 남의 말을 오해 없이 이해할 수 있는 나이를 뜻한다. 귀를 기울이는(傾) 정도를 넘어 공경하는(敬) 마음으로 새겨듣는 태도를 경청(敬聽)이라 한다. 모모는 경청(傾聽)을 넘어 경청(敬聽)하는 자세로 듣지 않았을까? 모모처럼 자기 이야기를 잘 들어 주는 사람 앞에서는 누구나 마음을 열게 된다. 그러면 기적 같은 일이 일어난다.

모모가 사람들의 이야기에 귀 기울일 수 있는 이유는 남들에게 없는 단 하나, 바로 시간적 여유를 가졌기 때문이다. 모모처럼 남의 말을 귀담아들으려면 정성과 시간을 들여야 한다. 넉넉한 마음과 시간적 여유가 있어야 타인에게 열린 자세로 다가갈 수 있다. 모모는 시간 부자다. '반드시 해야 할 일'이 없기 때문이다. 모모는 웃고 놀고 대화하고 원하는 일을 한다. 모모의 삶은 그게 전부다. **모모는 시간에 쫓기지 않기에 다른 사람의 이야기를 듣는 데 공을 들일 수 있다.**

시간도 저축이 될까?

***

가난하지만 평화로운 마을에 불청객이 찾아온다. 시간 저축 은행에서 나온 회색 신사들이다. 그들은 잿빛 얼굴에 회색 양복

을 입고 회색 승용차를 타고 돌아다니며 사람들의 시간을 빼앗
는다. 사람들은 점점 표정이 사라지고, 삶의 여유와 따뜻함을 잃
는다. 하루하루 바쁘게 살아가지만, 정작 삶의 기쁨과 의미는 희
미해진다. 사랑도, 우정도 사라진 그들의 일상은 차갑고 메말랐
다. 기쁨이 없는 삶은 결국 죽은 삶이라는 점에서 회색 신사는
단순한 악당이 아니라 영혼을 갉아먹는 저승사자와 같다. 그들
이 빼앗는 것은 추상적 시간이 아니라 생명이자 활력이며 인간
성이다.

회색 신사는 시간 낭비를 나무란다. 생활비를 버는 최소한의
일을 제외하고는 모두 '쓸데없는 짓'으로 취급한다. 잠자고 앵무
새를 돌보고 친구를 만나는 동안 13억 2451만 2000초를 허비했
다고 질타한다. 병든 어머니를 돌보고, 손님들과 이야기 나누고,
의자에 앉아 먼 산을 바라보며 허비한 시간을 숫자로 계산해 푸
지 씨에게 보여 준다. 자본주의식 계산법으로 따지자면 푸지 씨
는 시간 통장에 잔고가 없다. 지난 42년간 시간을 저축하지 않고
남김없이 써 버렸기 때문이다.

회색 신사는 날마다 2시간씩 저축하라고 권한다. 시간을 최대
한 아낄 수 있는 구체적인 방법도 알려 준다. 손님 한 명당 이발
시간이 30분이나 걸린다며 잡담하지 말고 이발 시간을 15분으로
줄이라고 조언한다. 어머니를 양로원으로 보내서 보살피는 시간

을 아끼고, 노래하고 책 읽고 친구 만나느라 시간을 헛되이 쓰지
말라고 덧붙인다. 아무짝에도 쓸모없는 앵무새도 버리라고 충고
한다.

푸지 씨는 시간을 아껴 저축하기로 결심한다. 회색 신사는 진
보적이고 현대적인 사람이 됐다며 그를 격려한다. 푸지 씨는 손
님 한 명당 30분이 걸렸던 이발 시간을 20분으로 줄인다. 단골손
님을 무뚝뚝하게 대하며 잡담도 피한다. 나이 든 어머니를 양로
원에 맡기고 한 달에 한 번만 얼굴을 비친다. 앵무새는 내다 버리

고, 더는 좋아하는 여인에게 꽃을 가져다주려고 들판을 돌아다니지 않는다.

회색 신사는 시간을 저축하도록 마을 사람들을 꼬드긴다. 시간을 절약해서 은행에 저축하면 이자에 이자가 붙어 '시간 부자'가 될 수 있다며 안락한 미래를 위해 열심히 현재를 저축하라고 설득한다. 회색 신사 일당에게 넘어가지 않은 사람은 모모뿐이다. 몇몇 사람이 더 있긴 했지만 모모가 잠시 마을을 떠난 사이 모두 포섭되고 만다.

사실 회색 신사는 시간을 빼앗아 연명하는 허상의 집단일 뿐이다. 이들이 회색 차림인 까닭은 죽은 시간으로 살아가기 때문이다. 회색 신사는 사람들의 시간, 더 정확히는 시간의 꽃을 빼앗는다. 그 꽃을 말린 후 담배로 만들어 피우면서 생명을 연장한다. 이들에게 담배는 생명줄 같아서 담배가 떨어지면 사라지고 만다. 그래서 사람들에게 '시간을 아껴야 한다'는 메시지를 주입해 더 많은 시간을 빼앗으려 애쓴다.

《모모》 2부 첫 장 제목은 '똑 떨어지는 엉터리 계산'이다. 회색 신사의 시간 계산법은 엉터리일 수밖에 없다. 시간은 저축할 수 없기 때문이다. 인생은 소소한 일상이 주는 행복으로 굴러간다. 낭비가 아니라 그게 인생이다. 일상을 낭비로 여긴다면 인생은 사막과 다를 바 없다. 시간을 절약해 저축했다고 생각하지만 실제로는 오늘 행복할 시간을 잃어버렸을 뿐이다. 사람들은 오늘 이웃과 만나고, 여가를 보내고, 아이를 돌보고, 자기를 위해 무언가 할 수 있는 시간을 빼앗겼다. 하지만 이 사실을 눈치채지 못한다.

느린 것이 더 빠를 수 있다고?

***

마을 사람들은 시간을 저축할수록 바빠지고 불행해진다. 모든 일의 목표가 시간 절약이다 보니 미장이는 엉터리로 집을 짓고 인심 좋던 선술집은 인정이 사라진 셀프서비스 패스트푸드점으로 변한다. 부모는 아이를 탁아소에 맡긴다. 모모처럼 낯선 아이에게도 정성을 다해 친절을 베풀던 사람들은 이제 가족조차 돌보지 않는다.

시간을 아껴 많은 일을 했지만, 일은 재미없고 하루는 더 짧다. 주머니는 두둑해졌을지 모른다. 푸지 씨처럼 더 많은 손님을 받았을 테니까 말이다. 그러나 몸과 마음은 황폐하다. 고단한 몸과 삭막한 마음은 삶을 피곤하게 만든다. 삶의 의미와 연결된 모든 것이 점점 희미해진다. 시간을 아끼는 대신 삶 자체를 잃어버린 셈이다.

마을 사람들은 더 이상 모모를 찾지 않는다. 모모와 만나 대화할 시간이 없기 때문이다. 신나게 뛰놀던 아이들도 더는 보이지 않는다. 부모들은 아이들을 막아서며 이렇게 말한다. "모모, 기기, 베포와 어울리지 마! 이 세 사람이 제일 게을러." 모모는 아무도 자신을 찾아오지 않자 친구 집을 일일이 방문한다. 그러나 모두 바쁘다는 이유로 모모를 돌려보낸다.

이제 시간은 유용한 시간과 무용한 시간으로 나뉜다. 돈을 버는 시간 빼고는 전부 무용한 시간이다. 시간을 아껴 저축한다는 것은 돈이 되지 않는 일을 무가치하게 여겨 되도록 하지 않는다는 뜻이다. 회색 신사와 모모는 각각 자본주의적인 삶과 인간적인 삶을 대변한다. 회색 신사는 효율적인 시간 관리를 설교하고 다니는 자본주의적 삶의 전도사다. 회색 신사 입장에서 보면 모모는 시간 낭비를 부추기는 원흉일 뿐이다.

회색 신사는 '시간＝돈'이라고 주장한다. 벌다, 쓰다, 아끼다, 아깝다, 관리하다, 낭비하다, 절약하다, 투자하다 등 시간에 따라 붙는 단어는 돈과도 잘 어울린다. 자본주의 사회에서 둘은 떼려야 뗄 수 없는 관계다. 마을 중심부에 시간 저축 은행이 들어서면서 모든 가정과 일터에서 속도 경쟁이 본격화된다. 공장과 사무실 곳곳에는 "시간은 소중하다. 낭비하지 말라!" "시간은 돈이다. 아껴 써라!" 같은 문구가 나붙는다. "더 빨리, 더 많이"라는 목표 아래 사람들은 최대한 짧은 시간 안에 최대한 많은 일을 하기 위해 동분서주한다.

모모는 시간을 돈처럼 생각하지 않는다. 시간은 곧 생명이며, 생명은 마음속에 깃들어 있다고 여긴다. 사람들이 시간을 아낄수록 생명은 점점 줄어든다고 본다. 가슴은 시간을 느끼기 위해 존재하고 가슴으로 느끼지 못한 시간은 결국 사라져 버린다고 믿는다. 모모에게 시간은 사랑, 우정, 따뜻함, 즐거움 등 가슴을 움직이는 모든 것이다. 어쩌면 우리는 인생에서 더 소중한 시간을 덜 소중한 시간과 맞바꾸며 살아가는 건 아닐까?

모모는 도둑맞은 시간을 되찾기 위해 회색 신사와 대결을 펼친다. 회색 신사들은 음모에 말려들지 않는 모모를 붙잡아 제거하기로 한다. 모모를 본 사람들이 다시 시간을 낭비할지도 모른다고 생각했기 때문이다. 이때 시간 관리자 호라 박사와 함께 사는 신비한 거북 카시오페이아가 나타나 모모를 도와준다. 두 캐릭터는 작품에서 문제를 해결하는 중요한 존재다.

카시오페이아는 미래를 볼 수 있는 특별한 거북이다. 거북이는 느림을 상징하지만, 카시오페이아는 아무리 느리게 움직여도 결코 붙잡히지 않는다. 그 이유는 30분 뒤에 일어날 일을 미리 알 수 있기 때문이다. 그래서 회색 신사들과 마주치지 않는 길로만 다닌다. 모모는 카시오페이아 덕분에 수차례 위기를 넘긴다. 카시오페이아는 느리게 갈수록 더 빠르다고 말한다. 서두르지 않고 신중하게 행동하면 오히려 목표에 더 빨리 도달한다는 뜻이다.

세계를 구할 수 있는 단 한 시간이 주어진다면 어떻게 하겠느냐는 물음에 알베르트 아인슈타인은 "나는 55분을 적절한 질문을 찾는 데 쓸 것이다"라고 답했다. 얼른 세계를 구해도 모자랄 판에 질문에 55분을 쓴다니 선뜻 이해되지 않는다.

질문을 고민하는 시간은 문제를 찾는 시간이다. 문제도 모르는 상태에서 급하게 내놓은 해결책은 도움이 안 된다. 고민하는 시간은 낭비 같지만, 오래 고민해야 문제를 해결할 수 있다. 그런 의미에서 느린 것이 더 빠를 수도 있다. 이것이 미래를 내다보는 느린 거북 카시오페이아가 보여 주는 역설이다.

‘세쿤두스 미누투스 호라’라는 박사의 이름은 라틴어로 초(세쿤두스), 분(미누투스), 시(호라)라는 시간 단위를 뜻한다. 호라 박사는 회색 신사를 물리치기 위해 잠시 시간을 멈추고 모모에게만 한 시간을 준다. 덕분에 모모는 시간 저축 은행의 문을 연다. 회색 신사들은 그곳에 사람들로부터 빼앗은 시간의 꽃을 보관해 두었다. 문이 열리자 시간의 꽃이 주인에게 되돌아간다. 집집마다 환한 웃음소리가 퍼지고, 아이들은 다시 놀이터로 달려간다.

열심히 사는데 불안하다고?

***

행복해지려고 분주하게 일하지만, 바쁘게 살다 보면 정작 행복을 놓칠 때가 많다. 일을 더 많이 해서 수입을 늘려야 누릴 수 있는 행복도 늘어난다는 것이 자본주의 사회의 논리다. 하지만 아이러니하게도 우리는 이 과정에서 가장 소중한 선물인 시간을 잃는다. 이 굴레의 배후에 회색 신사가 있다.

회색 신사의 또 다른 이름은 ‘욕망’이다. 우리는 욕망 때문에 필요 이상의 시간을 노동에 쏟아붓는다. 회색 신사는 TV 광고나 SNS 홍보 글처럼 우리 주변 어디에나 숨어 있다. 미디어 속 회색 신사는 조용히 속삭인다. “최신 스마트폰을 가져야 멋진 사람이 될 수 있어.” “비싼 차와 넓은 아파트가 진짜 행복을 가져다줄 거야.” 그 말에 이끌려 우리는 더 많이 일하고 더 많이 소비하며, 결국 시간마저 빼앗긴다.

욕망이 커질수록 소비도 늘어난다. 늘어난 소비를 감당하려면 더 많은 돈이 필요하다. 결국 우리는 더 오래, 더 많이 일하게 된다. 이것이 우리가 눈코 뜰 새 없이 바쁘게 사는 이유다. **욕망은 삶을 악순환으로 이끈다. 소비하기 위해 일하고, 일하느라 지친 몸과 마음을 달래기 위해 또다시 소비하고, 그 소비를 위해 다시 일한다. 우리는 이 끝없는 반복 속에 갇혀 있다.**

시간은 노동과 떼려야 뗄 수 없다. 증기 기관이나 방직 기계의 발명이 아니라 시간에 대한 관점이 변하면서 세상이 바뀌었다. 사회학자 대니얼 벨은 “산업화는 공장이 들어서면서 시작된 것이 아니라 노동의 측정을 통해 일어났다”라고 지적했다. 쉽게 말해 ‘초과 근무가 가능하다’고 생각을 전환하면서 산업화가 시작됐다는 뜻이다. 전통 사회에서는 해가 뜰 때부터 질 때까지만 농사일을 했다. 또 비가 많이 오면 일을 멈췄다. 반면 실내에서 기계를 돌리는 일은 시간이나 날씨에 관계 없이 가능해 초과 근무가 생겨났다. 자본주의적 시간 관념이 전 세계를 지배하며 현대인의 시간을 빼앗고 있다.

자본주의는 ‘천천히 가는 삶’을 허용하지 않는다. ‘industry’는

산업을 의미하지만 '근면(성)'이라는 뜻도 지닌다. 자본주의 사회에서 느린 것은 시간 낭비로 여겨질 뿐이다. 영화 〈모던 타임스〉에서 찰리 채플린은 공장 노동자로 나온다. 그는 점점 빨라지는 컨베이어 벨트를 따라가려 애쓰다가 결국 미쳐 버린다. 자본주의 사회에서 살아남으려면 같은 시간 안에 더 많은 일을 해내야 한다. 사무직이든 생산직이든 더 빠르고 효율적으로 일하는 것이 평가의 기준이 된다. 자본주의는 더 높은 생산성을 추구하는 과정에서 사람들을 압박하고 유혹하며 불안에 빠뜨린다.

회색 신사의 또 다른 이름은 불안이다. 자기 일을 좋아하는 사람도 문득 회의감에 빠질 때가 있다. 누구보다 기꺼이 이발사로 살아온 푸지 씨도 그랬다. '그저 그런 이발사로 사는 건 실패한 인생 아닐까?' '평생 잡담과 가위질, 비누 거품에 매여 살다가는 가난에 허덕이지 않을까?' 회색 신사는 이때를 노린다. 약한 부분을 파고들어 불안을 부풀리고 안절부절못하게 만든다. '최신 스마트폰을 갖지 못하면 유행에 뒤처진 사람이 될 거야.' '늙기 전에 노후 자금을 모아야 하지 않을까?' 이런 욕망과 불안 때문에 사람들은 제 몸을 갈아 넣으며 일한다.

일상은 크게 노동과 여가로 나뉜다. 여가는 끊임없이 소비하는 시간이다. 정신 분석학자 에리히 프롬은 《소유냐 존재냐》에서 "현대인은 '나=내가 가진 것=내가 소비하는 것'이라는 등식에서 자기 정체성을 찾으려 한다"라고 말하며 자기 존재보다 물질에 더 큰 가치를 두다 자아를 잃어 가는 현대인을 날카롭게 비판했다. 모모는 끝없는 욕망과 불안에 얽매여 정신없이 살아가는 현대인의 삶과는 다른 길을 보여 준다. 모모는 무엇을 성취하거나 소유하지 않고도 그저 지금 이 순간을 살아가며 행복을 느낀다. 조용히 귀 기울이고, 함께 있어 주고, 시간을 나누는 모모의 모습은 우리에게 중요한 질문을 던진다. 우리도 모모처럼 지금 이 순간을 온전히 살고 있을까?

영화 〈비포 선라이즈〉로 유명한 리처드 링클레이터 감독의 〈보이후드〉는 소년 메이슨이 여섯 살부터 열여덟 살까지 겪은 크고 작은 에피소드로 구성된 영화다. 감독은 서두르지 않고 오랜 시간을 들여 작품을 완성했다. 2002년부터 매년 사나흘씩, 약 15분 분량을 촬영해 12년에 걸쳐 영화를 만들었다. 〈보이후드〉는 시간의 흐름을 조작하는 대신 실제 시간이 흐르는 과정을 고스란히 담았다. 덕분에 관객은 인물이 성장하는 모습을 그대로 지켜볼 수 있다. 자본주의 사회에서 시간은 흔히 성과를 내기 위한 도구로 여겨진다. 시간은 최대한 효율적으로 써야 하고, 생산성이 떨어지는 시간은 폄하된다. 〈보이후드〉는 그와 전혀 다른 태도를 보여 준다. 시간의 흐름을 담담히 따라가는 이 영화는 삶이란 그저 흘러가는 시간을 살아 내는 것임을 전해 준다.

최고의 선물은 바로 지금이라고?

***

늙은 어부가 따스한 햇볕을 쬐며 한가롭게 낮잠을 자고 있었다. 그런데 지나가던 관광객이 어부를 깨웠다. 해가 중천에 떠 있는데도 낮잠만 자는 어부가 이상했던 것이다.

“할아버지, 고기잡이 안 나가세요?”

어부는 슬며시 눈을 뜨며 말했다.

“새벽에 이미 갔다 왔지.”

“낮에 한 번 더 다녀오셔도 되겠네요.”

“그렇게 고기를 많이 잡아 뭐해?”

“저 낡은 고깃배를 새 배로 바꿀 수 있잖아요.”

“새 배로 바꿔서 뭐하게?”

“더 많은 물고기를 잡지요.”

어부는 도통 모르겠다는 표정을 지었다.

“그래서?”

“돈을 많이 벌어 배 여러 척 사고 사람도 고용할 수 있지요.”

“그렇게 많이 벌어서 뭘 하려고?”

“냉동 창고도 짓고 생선 가공 공장도 세워 더 큰 돈을 벌 수 있지요.”

“그러고 나면 뭘 하지?”

“그렇게만 되면 할아버지는 더 이상 일하지 않고, 햇살 아래서 편안하게 낮잠만 자면 되지요. 저 멋진 바다를 즐기면서.”

“지금 내가 그렇게 살고 있다네.”

작가 하인리히 뷜이 까닭도 모른 채 바쁘게 살아가는 사람들에게 들려주는 이야기다. 작가는 더 많은 돈을 벌어야 한다는 강박에 사로잡혀 삶의 본질을 놓쳐 버린 현대인의 모습을 풍자한다. 우리는 미래를 걱정하느라 정작 현재를 소홀히 한다. 어부처럼 현재를 즐길 수 있는데 말이다. 물론 미래를 준비하는 것은 인간만이 가진 능력이다. 문제는 그 과정에서 행복을 끊임없이 미루면서 현재를 희생한다는 점이다. 그러다 보면 정작 행복한 미래는 오지 않을지도 모른다. 우리는 언제쯤 지금 이 순간을 온전히 살아갈 수 있을까?

살아 있음의 신비로움과 자연의 아름다움은 미래가 아닌 바로 지금, 현재에 있다. 진정한 삶의 기쁨은 좋아하는 사람과 대화하거나 들길을 걷거나 먼 산을 바라보는 순간에 존재한다. 그런데도 미래를 위해 현재를 고통스럽고 불안하게 흘려보낼 생각인가?

"나누지 않으면 나를 망하게 하는 재산이 두 가지 있다. 그것은 바로 행복과 시간이다." 미하엘 엔데가 한 말이다. 우리는 목표를 이루면 저절로 행복해질 거라고 믿는다. 그러나 오늘의 행복을 미루고 공부에만 매달린다고 해서 더 나은 미래가 올까? 불안 속에서도 오늘의 행복을 소중히 여길 줄 알아야 미래에도 행복할 수 있다. 친구들과 별것 아닌 일에 웃고, 맛있는 음식을 나눠 먹고, 하늘을 올려다보는 시간은 낭비가 아니다. 그런 시간도 있어야 꿈을 발견하고 그 꿈을 향해 갈 힘이 생긴다.

바쁘게 살고 있다면 잠시 멈춰 서서 무엇을 위해 그리 바쁜지 돌아볼 필요가 있다. 나는 과연 시간의 주인으로 살고 있을까? 시간의 주인으로 내 삶을 잘 돌보고 있을까? 많은 사람이 분주하게 하루를 살아 내지만, 정작 무엇을 위해 분주한지는 생각해 보지 않는다. '열심히 하고 있다'는 사실로 스스로를 위로하며 그 방향이 옳은지 돌아볼 틈도 없이 시간에 쫓긴다. 철학자이자 시인인 헨리 데이비드 소로는 방향성 없이 바쁘게만 사는 현대인에게 이렇게 충고한다. "바쁘다고 좋은 것이 아니다. 대체 무엇 때문에 바쁜가? 반드시 이 질문을 던져야 한다."

인생이 어디 따로 있는 게 아니다. 한 시간이 모여 하루가 되고, 하루가 모여 한 달이 되고, 한 달이 모여 일 년이 된다. **시간이 중요한 이유는 그것이 우리 일상이자 인생이기 때문이다.** 평생 잘못 산 사람이 죽기 직전에 잘 살았다고 해서 잘 산 인생이라고 할 수 없다. 매 순간 잘 살아야 진짜 잘 산 인생이다.

'모(mo)'는 이탈리아어로 '지금'을 뜻한다. '모모(momo)'는 '지금'을 강조한 표현이다. 모모는 사람들의 이야기를 들어 주고 아이들과 어울리면서 현재를 충만하게 살아간다. 시간을 아끼는 일에 관심을 두지 않기에 모모는 늘 시간이 많았다. 몸소 보여 준 것처

럼 모모에게는 오직 현재만이 존재했다. 우리 삶도 과거나 미래
가 아닌 현재에 있다. 따라서 현재(present)는 우리가 누릴 수 있는
최고의 선물(present)이다.

미하엘 엔데(1929~1995)

시간을 도둑맞지 않는 방법

끝없는 이야기의 창조자

미하엘 엔데는 독일 남부에서 태어났다. 그림과 글짓기에 재능을 보였지만 명문 김나지움에 진학한 첫해 독일어, 라틴어, 수학 등에서 낙제점을 받았다. 엔데는 어느 인터뷰에서 "아이들에게 제 책을 읽어 주는 것은 기쁜 일입니다만, 제가 낙제생이었다는 사실도 잊지 말아 주십시오"라고 말했다. 성적으로 아이의 잠재력을 재단하지 말라는 충고일 테다. 미하엘 엔데는 1973년 《모모》를, 1979년 《끝없는 이야기》를 발표하며 세계적인 명성을 얻었다. 우리가 익히 들은 '네버엔딩 스토리'라는 표현을 처음 쓴 사람이 바로 미하엘 엔데다.

모모의 비밀을 찾아서

엔데는 이탈리아 로마 인근 시골 젠차노에 정착해 느리게 흘러가는 삶을 경험했다. 이를 바탕으로 돈과 시간에 얽매여 노예처럼 살아가는 현대인의 삶과 그런 삶을 부추기는 사회 체제를 비판하기 위해 《모모》를 구상했다. 야생화가 핀 들판, 이발관이 있는 작은 마을, 거북이 카시오페이아 등 자잘한 요소들 또한 이탈리아 생활에서 아이디어를 얻었다. 《모모》를 집필하는 데 걸린 시간은 무려 6년이다. 엔데는 "시간 도둑이 왜 모모의 시간은 훔칠 수 없는지 논리적으로 설명하는 데 오랜 시간이 걸렸다"라고 밝혔다. 엔데는 사람들이 미래를 위해 아껴 둔 시간은 도둑맞을 수 있지만, 온전히 현재를 살아가는 모모가 흘러 가도록 내버려둔 시간은 도둑맞을 수 없다는 점을 떠올린 뒤 작품을 마무리할 수 있었다.

회색 신사의 실체

《모모》는 1970년대에 출간되었다는 사실이 믿기지 않을 정도로 오늘 날의 현실과 닮았다. 엔데는 미래를 예견하듯이 책 뒤에 짧은 말을 덧 붙였다. "나는 이 모든 일이 이미 일어난 일인 듯 얘기했습니다. 하지만 나는 이 일이 앞으로 일어날 일인 듯 얘기할 수도 있습니다."

엔데는 《모모》를 통해 '현재'를 빼앗는 자본주의 시스템에 대해 말하 고 싶었다. 수년간 인터뷰한 내용을 정리한 《엔데의 유언》에서 이런 내용을 자세히 밝혔다. 이 책에 따르면 그는 《모모》를 비롯한 주요 작 품마다 현대 금융 자본주의에 대한 비판 의식을 담았다고 한다. 쉽게 말해 《모모》를 더 깊이 이해하고 싶다면 시간을 돈으로 바꿔 생각할 필요가 있다.

부자를 떠올려 보자. 부자는 보통 가진 돈을 쓰지 않는다. 대개는 돈 을 굴려 이자로 먹고산다. 반면 채무자는 돈을 빌린 대가로 원금과 이 자를 함께 갚는다. 갚아야 할 금액이 크고 이자율이 높을수록 더 많이 일해야 한다. 다시 말해, 더 많은 시간을 써야 한다. 결국 부자는 이자 를 통해 채무자의 시간을 빼앗는 셈이다. 이 원리는 이자 대신 부동산 을 대입해도 마찬가지다. 부동산으로 돈을 버는 사람도 임대인의 시간 을 가져간다. 이것이 바로 《모모》 속 시간 은행과 회색 신사의 정체다.

어른

어린 왕자

앙투안 드 생텍쥐페리

비행기 조종사가 사막에 불시착한다. 그는 그곳에서 특별한 소년, 어린 왕자를 만난다. 어린 왕자는 양을 그려 달라고 부탁하며 자신이 떠나온 작은 별, 무척 소중했던 장미, 여러 별을 여행하면서 만난 어른들 이야기를 들려주는데……

나를 잃어버리지 않고
무사히 어른이 될 수 있을까?

중요한 건 눈에 보이지 않는다고?

***

"50퍼센트는 어린이를 위한 책이 아니라고 생각하고, 나머지 50퍼센트는 어른을 위한 책이 아니라고 생각한다. 하지만 99퍼센트가 자신을 위한 책이라고 생각한다." 1943년 《어린 왕자》 초판 출간 당시 쓰인 이 광고 문구는 80년이 지난 지금도 유효하다. 《어린 왕자》는 나이와 상관없이 누구에게나 자신의 이야기처럼 다가오기 때문이다.

이야기는 비행기가 고장 나 사막에 불시착한 조종사가 어린 왕자를 만나면서 시작된다. 금발 머리에 금빛 머플러를 두른 어린 왕자는 소행성 B612에 혼자 살았다. 그러던 어느 날 씨앗 하나가 날아와 싹을 틔우고 장미꽃을 피웠다. 장미는 아름답지만 까다로웠다. 어린 왕자는 장미를 사랑했기에 장미가 온갖 투정을 부려도 정성을 다해 돌봐 주었다. 그러나 결국 날카로운 가시를 피해 별을 떠나 여러 곳을 여행한다.

어린 왕자는 비행사를 보자마자 무작정 양 한 마리를 그려 달라고 부탁한다. 비행사가 양을 그려 주었지만 어린 왕자는 시큰둥하다. 두 번째, 세 번째 양도 거절당하자 비행사는 마지못해 구멍 세 개가 뚫린 작은 상자 하나를 그려 준다. 어린 왕자는 그제야 만족한 듯 고개를 끄덕인다. 상자 안에 양이 있다면서 말이다.

비행사는 어린 시절에 코끼리를 삼킨 보아 뱀을 그려서 어른들에게 보여 줬다. 그러나 어른들은 그 그림을 그저 모자로만 생각했다. 어른들은 눈에 보이는 게 전부라고 믿었다. 보아 뱀 그림 따위는 집어치우고, 차라리 산수나 문법에 관심을 가지라고 충고했다. 어른이 된 아이는 그림을 향한 꿈을 접고 비행사가 되었다. 하지만 양을 그리면서 자신 역시 보아 뱀 그림을 제대로 보지 못한 어른들과 다르지 않다는 사실을 깨닫는다.

어른이 되면 시야가 넓어질까? 원효 대사는 "우리는 모두 갈대 구멍으로 하늘을 본다(葦筒窺天)"라고 말했다. 좁은 구멍으로 하늘을 보면, 하늘은 그만큼만 보인다. 나이가 들수록 우리는 더 많이 알고, 더 잘 판단한다고 생각한다. 하지만 오히려 자기 확신에 빠져 세상을 좁게 보기 쉽다. 한 번 보고 모든 걸 안다고 믿는 순간, 시야는 더 이상 넓어지지 않는다. 오늘날 우리는 시야가 더욱 좁아지고 있다. 기술 발전으로 정보는 넘쳐나지만, 스마트폰으로 세상을 접하며 가짜 뉴스와 허위 정보에 휘둘린다. 네모난 화면 너머의 세상을 잘 보려면 어떻게 해야 할까?

첫째, 눈에 보이는 것이라도 잘 봐야 한다. 비행사가 어린 시절 그린 보아 뱀 머리에는 눈이 달려 있다. 사람들은 눈을 뜨고 보았지만 보아 뱀의 눈을 발견하지 못해 무엇을 그렸는지 알아채지 못한다. 고대 그리스 비극《오이디푸스》에서 눈먼 예언자 테이레시아스는 오이디푸스에게 "그대는 눈이 있어도 보지 못하는 사람이오"라고 말한다. 눈먼 예언자는 오이디푸스가 앞을 볼 수 있으면서도 자신이 어디에, 누구와 있는지 모른다고 꼬집는다. 우리는 눈이 있어도 잘 보지 못한다. 지나쳐 버리거나 보지 않으려고 하기 때문이다.

둘째, 눈에 보이는 것 너머를 상상할 줄 알아야 한다. 어린 왕자는 해 질 녘 풍경을 좋아한다. 그저 아름다워서일까? 해 질 녘은 세상이 흐릿해지는 시간이다. 황혼 무렵을 '개와 늑대의 시간'이라고도 한다. 어둑해져 친숙한 존재인 개와 위험한 존재인 늑대를 구분하기 모호한 상황이다. 어린 왕자가 해 질 녘을 좋아하는 까닭은 세상이 온통 어슴푸레해 보이는 것 너머를 상상할 수 있기 때문이 아닐까? 별은 보이지 않는 꽃이 있어서 아름답고, 사막은 어딘가에 샘을 감추고 있어서 아름답다.

셋째, 마음으로 봐야 한다. 겉모습이 다가 아니다. 여우는 어린 왕자에게 선물로 비밀을 하나 가르쳐 준다. "내 비밀이란 이런 거야. 제대로 보려면 마음으로 봐야 해. 진짜 중요한 것은 눈에는 보이지 않거든." 가령 사람의 마음은 눈이 아니라 마음으로 봐야 한다. 레오나르도 다빈치는 이렇게 말했다. "세상엔 세 부류의 사람이 있다. 보려는 사람, 보여 주면 보는 사람, 보여 줘도 안 보는 사람." 우리는 보려는 사람이 되어야 한다. 최소한 누군가 우리에게 보여 주려고 할 때 보는 사람이라도 되어야 한다.

행복을 숫자로 표현할 수 있을까?

****

어린 왕자는 자기 별을 떠나 여섯 개의 행성을 거치며 권위만 내세우는 왕, 칭찬만 바라는 허영쟁이, 소유욕만 넘치는 사업가, 지도밖에 모르는 지리학자 등 다양한 어른을 만난다. 이들은 권력, 평가, 돈, 화석화된 지식에 사로잡힌 이상한 어른이다.

왕과 허영쟁이는 타인에게 인정을 받아야만 자신이 가치 있는 존재라고 느낀다. 왕은 모두를 자기 신하로 삼고 싶어 하는 권력의 화신이다. 명령을 내려야만 권위가 유지된다고 믿는다. 어린 왕자를 처음 만났을 때도 자기 마음대로 법무 대신으로 임명한다. 허영쟁이는 타인의 인정에 굶주려 칭찬만 듣고 싶어 한다. 외딴 별에 혼자 살면서도 모든 사람이 자기를 우러러보길 바라며 몸치장에 열중한다.

사업가와 지리학자는 본질적인 가치를 놓치고 있다. 사업가는 자신이 소유한 별에 어떤 애정도 없고, 지리학자는 지도 위에 표시된 세계의 진실에는 관심이 없다. 5억 개가 넘는 별을 소유한 사업가는 계산에 능하고 소유욕이 강하다. 온종일 별 개수만 세다 자신이 가졌다고 생각하는 별의 숫자를 종이에 적어 자물쇠가 달린 서랍에 보관한다. 지리학자는 지도만 들여다볼 뿐 그 땅에 누가 사는지 궁금해하지 않는다.

일곱 번째 별은 더 대단했다. 이상한 어른들의 집합소, 바로 지구다. 지구는 지금까지 어린 왕자가 갔던 별 중 가장 컸다. 111명의 왕과 7,000명의 지리학자, 90만 명의 사업가와 750만 명의 주정뱅이, 그리고 3억 1,100만 명의 허영쟁이를 포함해 약 20억 명쯤 되는 어른이 살고 있었다. 이들은 덧셈밖에 모른다. 권력, 명예, 재산 등을 쌓기 위한 덧셈 말이다.

어른이 되면 세상의 모든 것을 숫자로 표현하려고 한다. "창틀에 제라늄이 피어 있고 붉은 지붕에 새가 앉아 있는, 벽돌집을 보았다"라고 말하면 어른들에게는 금방 와닿지 않는다. 대신 "크기가 어떻게 돼?" "집값이 얼마나 한대?"라고 묻는다. "30억 원짜리 집이야"라고 말하면 그제야 알아듣는다.

어른들은 숫자로 나타낼 수 있는 것에만 관심을 둔다. 숫자는 빠르고 간편하게 사람을 구분할 수 있는 도구이기 때문이다. 등수, 점수, 학력, 재산, 아파트 평수 같은 수치는 사람을 쉽게 비교하고 줄 세우는 데 유용하다. 하지만 숫자는 사람의 참모습을 이해하는 데 오히려 방해가 된다. 그런데도 우리는 자신을 평가할 때도, 타인을 판단할 때도 여전히 숫자에 의존한다.

겉모습은 어른들이 중요하게 여기는 판단 대상이다. 어린 왕자가 살던 소행성 B612를 발견한 천문학자가 천문학회에서 소행성 B612의 존재를 훌륭하게 증명했지만, 아무도 믿지 않았다. 사람

들은 천문학자가 하는 말이 아니라 그가 걸친 허름한 옷으로 판단했다. 후에 멋진 옷을 입고 같은 내용을 다시 발표하자 이번에는 모두가 그의 말을 믿었다.

숫자나 겉모습은 진짜 중요한 가치를 담지 못한다. 어린 왕자에게는 양이 꽃을 먹은 사건, 밤에 별을 보는 기쁨, 꽃을 사랑하는 일상이 더없이 중요한데, 어른들은 자신에게 이롭거나 돈이 될 만한 일만 중요하게 생각한다. 상대방의 참모습에는 관심이 없고, 눈앞의 이익에만 사로잡혀 있다. 그러나 세상에는 숫자로 표현할 수 없는 것이 많고, 겉모습만으로 결코 알 수 없는 것도 많다. 레게 음악의 거장 밥 말리는 이렇게 말했다. "행복을 숫자에 대입하면 불행해질 수밖에 없다."

질문이 곧 문이라고?

***

어린 왕자는 어른들을 향해 이상하다고 말한다. 왜일까?《어린 왕자》에 나오는 어른들은 하나같이 상상력이 부족하고 겉모습만 중시하며 값나가는 것에만 관심을 보인다. 또 무엇이든 숫자로 설명해 줘야만 납득한다. 이들은 숫자로 표현할 수 없는 것, 즉 돈이 되지 않는 것은 가치 없다고 여긴다. 현실의 어른들도 마찬가지다. 세상을 수치로 환원하고, 삶의 의미보다 효율과 이익만 따진다. 지리학자처럼 말이다. 그는 실제 세계에는 관심이 없고, 그저 지도를 통해 세계를 요약할 뿐이다. 지도는 땅을 반영하지만, 그 위에 펼쳐진 생생한 풍경과 감동은 담지 못한다. 세상을 제대로 이해하려면 지도만 들여다볼 게 아니라 직접 그곳에 가 봐야 한다.

생텍쥐페리 역시 지도 너머의 세계를 이해했던 사람이다. 생텍쥐페리는 조종사로 일할 때 동료 기요메에게 많은 도움을 받았다. 기요메는 비행 기술을 알려 주고 독특한 지도를 그려 주기도 했다. 그 지도에는 실개천과 서른 마리의 양 등 일반적인 지도에 없는 것들이 있었다. 몸소 겪은 세계를 기록한 지도 덕분에 생텍쥐페리는 위험한 상황을 여러 번 안전하게 넘겼다.

아나운서 이금희 씨는 라디오 방송을 진행하면서 한 가지 독특한 말법을 고수했다. 대개의 라디오 진행자는 청취자가 보낸 문자 메시지를 소개할 때 '1234님'처럼 전화번호 끝자리만 간단히 읊는다. 반면 이금희 씨는 "휴대전화 끝 번호 1234를 쓰시는 분"이라고 길게 소개했다. 이금희 씨는 그 이유를 이렇게 설명했다. "우리는 숫자가 아니다. 고유한 삶의 이력과 독자적인 정신세계를 이룬 개인이다. 결코 숫자로 호출될 수 없는."

지구에 온 어린 왕자는 이렇게 말했다. "참 이상한 별이군. 메

마르고 뾰족뾰족하고 험하고. 게다가 사람들은 상상력도 없이 남이 하는 말만 되풀이하고……." 아이와 어른의 차이는 질문에 있다. 아이들은 호기심이 많아서 끊임없이 묻는다. 어린 왕자도 마찬가지다. "한번 묻기 시작하면 끝까지 묻는다"라고 표현할 정도로 답을 얻을 때까지 묻지 않고는 못 견디는 성미다. 질문은 모든 변화의 출발점이다. 발견과 발명과 창조가 모두 질문에 달려 있다. **질문을 던진 이상 답을 탐구할 가능성이 높다. 여기에서 새로운 것이 태어나고 미래가 시작된다.**

그러나 어른은 묻지 않는다. 다 안다고 생각하거나 호기심이 없기 때문이다. 어린 왕자는 여행하며 만난 사람에게 계속 질문한다. 대답을 들으면 "어른들은 참 이상해"라고 되풀이한다. 그들은 타인과 진실한 관계를 맺지 못하고, 숫자에 근거한 사회적 기준을 맹목적으로 따르기 때문이다. 아이가 친구를 새로 사귀었다고 하면 부모는 "그 애는 몇 등이니? 부모님 직업은 뭐니? 어디 사니?"라고 묻는다. 그런 걸 알아야 그 사람이 어떤 사람인지 안다고 생각한다. 성적이나 직업, 사는 곳은 그 사람이 아니다. 뻔한 질문은 그 사람에 대해 아무것도 알려 주지 않는다.

언제나 기존의 답을 따르지 않고 새로운 질문을 던진 이들이 변화를 만들었다. 질문(質問)은 곧 문(門)이다. 아이작 뉴턴은 "사과는 왜 아래로 떨어질까?"라고 묻고 나서 만유인력의 법칙을 알아냈다. 아인슈타인은 "빛의 속도로 달리면 빛은 어떻게 보일까?"라는 질문을 물고 늘어진 끝에 상대성 이론을 정립했다. 평생 풀어야 할 문제를 스스로 찾아내는 사람이 위대한 업적을 남긴다. 우리는 항상 질문해야 한다. 어른이 되더라도 마찬가지다. 질문하는 일은 결코 창피한 게 아니다. **제대로 된 질문은 그 어떤 대답보다 힘이 세다. 좋은 질문이 우리를 숫자 너머의 세계로 안내한다.**

시간이 관계를 특별하게 만들까?

***

진정한 인간관계는 드물다. 겉으로는 사랑을 말하지만, 속으로는 조건부터 따진다. 숫자가 모든 걸 말해 주는 세상에서는 자연과 사람마저도 거래와 계산의 대상이 된다. 숫자가 전부가 되면 자연과 사람도 시장에서 사고팔게 된다. "그들은 상점에서 이미 만들어진 물건을 사지요. 그러나 우정을 파는 상점은 없으니 인간들은 친구가 없어요." 《어린 왕자》에서 여우가 한 말이다. 어린 왕자는 "어른들은 숫자에 집착하고 빨리빨리 사는 데 익숙한 탓에 시간을 들여 관계를 맺고 소중히 유지하는 일에는 별 관심이 없다"라고 말한다.

　현대인들은 관계를 맺는 데 긴 시간을 들이지 않는다. "우정을 파는 상점이 없다"라고 했지만, 현대 사회에는 친구를 파는 상점이 있다. 바로 스마트폰이다. 만남을 주선하는 앱과 SNS로 빠르게 친구를 사귄다. 그러나 쉽게 가까워진 만큼 물건을 사고 버리듯 쉽게 멀어진다. "아무도 꽃을 보려고 하지 않는다. 꽃은 작고, 들여다보는 데 시간이 걸리니까. 친구를 사귀는 데 시간이 걸리는 것처럼." 화가 조지아 오키프의 말처럼 우리는 관계를 맺기에는 너무 바쁘다.

　여우는 어린 왕자에게 "네가 나를 길들인다면 나는 너에게 이 세상에 오직 하나밖에 없는 존재가 될 거야"라고 말한다. 세상에는 수많은 장미가 있지만, 어린 왕자에게 각별한 장미는 하나뿐이다. 어린 왕자가 손수 바람을 막아 주고 벌레를 잡아 주고 물을 주면서 정성껏 보살핀 그 장미다. 세상에 화려한 꽃이 아무리 많아도 어린 왕자에게는 의미가 없다. 길들이지 않은, 즉 관계 맺지 않은 꽃이기 때문이다. **서로를 길들였을 때 비로소 세상에 하나뿐인 존재가 된다. 어떤 관계가 그토록 특별한 이유는 오랜 시간 정성을 들였기 때문이다.**

　함께한 시간이 쌓여 우정이 된다. 좋은 일도 힘든 일도 함께하고, 때로는 다투기도 하면서 말이다. 우정은 하루아침에 생기지 않는다. "친구와 포도주는 오래될수록 좋다"라는 영국 속담처럼 말이다. 〈센과 치히로의 행방불명〉에 나오는 마녀 제니바의 말처럼 마법으로 얻은 것은 마법처럼 쉽게 사라진다. 그래서 제니바는 마법으로 손쉽게 옷을 만들 수도 있지만, 느리게 실을 잣고 옷감을 짠다.

의미 있는 관계가 되었다면 이후에는 책임을 져야 한다. 지구에 온 어린 왕자는 자신이 돌본 장미와 비슷한 꽃이 많다는 사실을 알고 실망한다. 그때 여우가 길들이지 않은 장미와 어린 왕자의 장미는 같지 않다고 일깨워 준다. 깊은 관계를 맺었다면 상대가 세상에 하나뿐인 소중한 존재임을 잊지 않고 책임을 다해야 한다. 어린 왕자는 석양을 보려고 하루에도 마흔일곱 번씩 자리

를 옮겼다. 우리는 어떠한가? 서로를 이해하기 위해 조금이라도 내 마음의 자리를 옮겨 본 적이 있나? 그저 각자의 자리에서 고집부리고 이해받기를 바라지 않았나?

생텍쥐페리의 다른 작품 《인간의 대지》 속 화자는 동료 조종사 기요메가 비행 중 실종됐다가 기적처럼 살아 돌아온 이야기를 들려준다. "그의 위대함은 그가 책임을 느끼는 데 있다. 자기 자신에 대한 책임, 우편물에 대한 책임, 기대하고 있는 동료들에 대한 책임 말이다." 기요메가 극한의 상황에서도 끝까지 포기하지 않은 이유는 단순히 생존 본능이 아니었다. 그는 가족과 동료, 자신의 소명을 지키려는 책임감으로 살아남았다.

누군가 나에게 의미 있는 것은 그 사람이 남들보다 뛰어나서가 아니다. 내가 그 사람에게 쏟아부은 관심과 사랑, 시간과 희생 때문이다. "사물의 가치는 바로 그 사물을 획득하기 위해 요구되는 희생의 크기로 측정된다." 사회학자 지그문트 바우만이 한 말이다. 이 원리는 사람을 사귀고 관계 맺을 때도 똑같이 적용된다.

사랑을 하면 사랑하는 사람에 그치지 않고 세상까지 사랑하게 된다. 어린 왕자가 여우를 길들이자 어떤 일이 생겼나? 여우는 밀밭을 바라보며 어린 왕자의 머리칼을 떠올린다. 그래서 밀밭을 스치는 바람 소리마저 정겹게 느낀다. **누군가와 특별한 관계를 맺으면 그 관계를 넘어 더 크고 넓은 세계를 마주하게 된다.** 여우는 어린 왕자와 깊은 우정을 나누며 세상을 더욱 사랑하게 되었다.

어린 시절을 기억하는 어른이 되라고?

***

《어린 왕자》의 원제는 《Le petit prince》다. 여기서 'petit'는 어린 나이가 아니라 '작은 존재'를 의미한다. 그러니까 어린 왕자는 나이가 어린 왕자가 아니라 '작은 왕자'다. 내 속에 여전히 살아 숨 쉬는 또 다른 '작은 나'라고 할 수 있다. 그런 의미에서 어린 왕자는 생텍쥐페리 자신이다.《어린 왕자》에 나오는 비행사도 실제 비행사였던 생텍쥐페리의 분신으로 보인다.

그렇다면 비행사는 어른이 된 생텍쥐페리고 어린 왕자는 생텍쥐페리가 내면에 간직한 '작은 나'다. 어린 왕자는 만나는 어른들에게 계속 질문을 던진다. 이는 생텍쥐페리 자신을 향한 독백이기도 하지만, 어린이의 마음을 잃어버린 어른 독자에게 던지는 물음이기도 하다.

파블로 네루다의 시 중에 이런 구절이 있다. "나였던 그 아이는 어디 있을까? 아직 내 속에 있을까 아니면 사라졌을까?" 꽃 안에는 자기를 피워 낸 씨앗이 남아 있을까? 꽃을 피우고 나면 씨앗은 전부 사라질까? 어린 시절은 내가 두고 온 세계일까, 아니면 여전히 내 안에 존재하는 세계일까?

어른은 오랜 시간에 걸쳐 경험과 지식을 쌓은 존재다. 그런데 그 지식이 때때로 눈을 가린다. 아이처럼 순수한 시선으로 세상을 보지 못하는 이유다. 그런데 '나였던 그 아이'를 간직한 어른이라면 다를 수 있다.

정신없이 살다 보면 어느새 '나였던 그 아이'가 희미해진다. 그 아이를 마음속에 품고 살면 성공하기 어렵다고 믿기 때문일까? 꿈만 좇다가는 정글 같은 세상에서 살아남지 못할까 봐, 사람들은 그 아이를 지운 채 살아간다. 그러다 시간이 한참 흐르고 나서야 문득 깨닫는다. '진짜 나'는 사라지고 없다는 사실을. **'나였던 그 아이'는 단순히 어린 시절의 내가 아니다. 그 아이는 내가 진정으로 바랐던 꿈을 간직한 존재다.**

새로운 생각을 받아들이고 새로운 일에 도전하는 사람은 물리적 나이를 떠나서 여전히 젊다. 철학자 이진경은 늙음을 "입력 장치는 고장 나고 출력 장치만 작동하는 상태"라고 설명한다. 이미 알고 있는 것만 출력하다 보니 아무리 얘기해도 듣지 않고 자기 말만 한다. 나이가 어려도 입력 장치가 고장 나면 노인이고, 나이가 많아도 입력 장치가 잘 작동하면 청춘이다. **언제나 청춘으로 살고 싶다면 호기심을 가지고 묻고 또 물어야 한다.**

지구를 벗어나 우주로 나가면 갑자기 키가 커진다고 한다. 평소에는 거의 느끼지 못하지만, 우리 몸은 대기압과 중력에 짓눌려 있다. 몸만 그럴까? 현실은 우리의 생각과 삶을 짓누른다. 그래서 나이 들수록 돈에 집착하고 생각이 보수화하는지 모른다. 피카소는 "모든 아이는 예술가다. 문제는 어른이 되어서도 예술가로 남을 수 있는가다"라고 말했다. 한때 우리는 평가를 생각하지 않고 자유롭게 그림을 그렸으며 한 번도 배운 적 없는 춤을 마음껏 추었다. 그러나 어느새 예술은 특별한 사람만 한다고 믿는 어른이 되어 간다.

사회는 종종 꿈을 뒤로하고 현실을 선택한 사람을 어른스럽다고 말한다. 그러나 현실만 좇는 사람이 진짜 어른일까? 꿈을 버리고 현실에 매몰된 삶이 성숙한 삶일까? 진짜 어른은 현실의 무게를 견디면서도 '나였던 그 아이'를 지켜 내기 위해 애쓰는 사람

이 아닐까?

인문학자 김경집은 '나였던 그 아이'가 '나인 그 아이'를 거쳐 '나일 그 아이'로 향해 가는 것이 인생이라고 말한다. 누구나 나이 들면서 생물학적으로는 노쇠하지만 '그 아이'를 품고 사는 한 존재론적으로는 언제나 푸른 나무일 수 있다. '나였던 그 아이'를 잊는다는 것은 무언가를 순수하게 좋아하는 마음을 잃어버린다는 의미가 아닐까? 소행성에 두고 온 장미를 잊는 순간부터 아이는 그저 그런 어른으로 변해 버린다. 돈을 따지고 삶을 계산하는 순간, 우리는 점점 메말라 간다. 모든 것을 숫자로 환원하지 않는 것이야말로 '나였던 그 아이'를 지키는 길이다. 순수한 열정의 불씨를 간직한다면 언제까지나 빛나는 어른으로 살아갈 수 있다.

영원히 어린 왕자로 남은 사내

소설가가 된 비행사

《어린 왕자》는 전 세계에서 다섯 번째로 많이 팔린 책이다. 프랑스 지폐 50프랑에는 앙투안 드 생텍쥐페리의 모습이 담겨 있다. 열두 살이 되던 해, 생텍쥐페리는 외가 근처에서 우연히 비행기를 탔다가 비행 조종사를 꿈꾸게 되었다.

1935년에 프랑스에서 베트남 하노이를 잇는 단축 비행에 나섰다가 엔진 고장으로 사막에 불시착해 생사를 넘나드는 극한의 고통을 겪었다. 오직 모래와 바람과 별만 존재하는 사막에서 그는 삶과 죽음을 깊이 사유했다. 1939년 발표한 《인간의 대지》에는 사막에서 죽다 살아난 경험을 담았다. 이 책의 영어판 제목은 《바람과 모래와 별들》이다. 1943년 출간한 《어린 왕자》도 사막에 불시착한 이야기로 시작한다.

아내에게 바친 작품

생텍쥐페리가 비행 도중 추락 사고로 실종되자 아내 콘수엘로는 자신이 적극적으로 말리지 않은 탓이라며 깊이 자책했다. 생텍쥐페리는 실종 5일 만에 기적적으로 구조됐지만, 이미 두 번의 사별을 겪은 콘수엘로는 "당신이 내 곁에 있으면 결국 죽는다"며 이혼을 요구했다.

아내의 마음을 되돌리기 위해 생텍쥐페리가 쓴 작품이 바로 《어린 왕자》다. 가시 네 개가 돋은 장미는 아내 콘수엘로를, 그 가시에 찔려 상처 입은 어린 왕자는 생텍쥐페리 자신을 상징한다. 어린 왕자의 머리 모양과 머플러도 아내의 모습에서 따왔다. 생텍쥐페리는 어린 왕자의 입을 빌려 아내에게 자신의 마음을 전했다. 《어린 왕자》에는 장미의 진심을 알아보지 못한 후회, 관계에 책임을 다하지 못한 죄책감, 장미를 향한 깊은 그리움과 사랑이 담겨 있다.

두 사람은 결국 《어린 왕자》를 통해 극적으로 화해했다. 훗날 콘수엘로는 자신을 꽃으로 표현한 편지에 이렇게 적었다. "난 어린 왕자의 세계를 사랑하고, 그 세계 속을 거닐어. 거기선 아무도 날 건들지 못하지. 비록 가시는 네 개뿐이지만."

어린 왕자를 사랑한 아내

생텍쥐페리는 1944년 7월 31일, 정찰 비행에 나섰다가 행방불명됐다. 비행기 잔해와 시신을 찾지 못하다가 2001년이 되어서야 비행기 잔해가 마르세유 인근 해안에서 발견됐다. 아내의 이름이 새겨진 팔찌와 함께.

두 번의 사별로 마음의 문을 닫은 콘수엘로는 어떤 남자의 구혼도 받아들이지 않았다. 그러다 생텍쥐페리를 만나 다시 사랑에 빠졌지만 그역시 세상을 뜨고 말았다. 그녀는 죽을 때까지 생텍쥐페리를 기다리며하염없이 편지를 썼다. 그녀가 세상을 뜨고 나서야 애틋한 사랑이 담긴 편지, 그림, 미완성 원고 등이 세상에 공개되었다.

변신

프란츠 카프카

그레고르 잠자는 직물 회사에서 일하는 젊은 영업 사원이다. 어느 날 아침, 불안한 꿈에서 깨어난 그는 자신이 거대한 벌레로 변했다는 사실을 알게 되는데……

돈이 없어도
인간답게 살 수 있을까?

사람이 벌레로 변했다고?

***

"그레고르는 어느 날 아침 불안한 꿈에서 깨어났을 때, 그 자신이 잠자리 속에서 한 마리 흉측한 해충으로 변해 있음을 발견했다." 20세기에 발표된 소설 중에서 가장 강렬한 도입으로 꼽히는 문장이다. 주인공이 겪은 갑작스럽고도 충격적인 변화를 담담한 어조로 서술하지만, 독자를 단숨에 비현실적인 상황으로 끌어들인다.

직장인 그레고르는 평소처럼 잠에서 깨어나 출근 준비를 하려고 한다. 지극히 평범한 일상이다. 째깍거리는 자명종 소리, 창문 너머로 보이는 흐릿한 풍경, 출근을 재촉하는 어머니 등 일상은 평소와 다르지 않다. 변한 건 오직 그레고르뿐이다. 그는 사람 몸집보다 큰 벌레로 변했다. 평온했던 가족의 일상이 지옥으로 바뀌는 순간이다.

인간을 벌레에 비유한 문학 작품은 많다. 괴테는 《파우스트》에서 이렇게 말했다. "나는 신들을 닮지 않았다! 그것을 뼈저리게 느낀다. 나는 흙더미를 파헤치는 벌레와 닮았다." 그런데 이는 어디까지나 비유다. 반면 그레고르는 진짜 벌레가 되었다. 카프카는 '벌레 같았다' '벌레를 닮았다' '벌레가 된 듯했다'라고 말하지 않았다. 그레고르는 아직 꿈속일 수도 있다고 생각했지만 안타깝게도 꿈이 아니었다.

화자는 벌레로 변했다는 사실을 '변했음을 느꼈다'라는 1인칭이 아니라 '변신한 것을 발견했다(finden)'라는 3인칭으로 서술한다. 이는 마치 자기 몸을 타인의 시선으로 바라보는 듯한 거리감을 만들어 낸다. 자각할 틈도 없이 낯선 현실로 내던져진 것이다. 벌레로 변한 이유도, 목적도, 의미도 작품 속에 명확히 드러나지 않는다.

벌레로 변한 그레고르는 몸뿐만 아니라 목소리까지 달라졌다. 출근을 재촉하는 가족들의 부름에 대답하려는데, 입에서는 알아들을 수 없는 찍찍거리는 소리만 흘러나온다. 언어를 잃은 그는 타인과 대화하지 못한다. 이는 곧 소통의 단절을 의미한다.

그의 말을 전혀 알아듣지 못하는 가족들은 그레고르 역시 자신들의 말을 이해하지 못한다고 여긴다. 벌레가 되었지만 여전히 의식을 지닌 그는 그 사실조차 가족에게 전할 방법이 없다.

그레고르는 벌레로 변한 와중에도 회사에 지각할까 봐 걱정한다. 어쩌다 그는 벌레로 변한 상황보다 지각을 더 걱정하게 되었을까? 이유는 단순하다. 회사원이기 때문이다. 그리고 가족의 생계를 책임지는 가장이기 때문이다. 그레고르가 출근하지 않자 오전 7시 10분 회사 지배인이 집으로 찾아온다. 그제야 어머니는 아들이 아픈 게 아닐까 걱정하며 방문을 연다. 이때 가족들은 벌레로 변한 그레고르와 처음 대면한다. 지배인은 거대한 벌레를 보고 기겁하며 줄행랑을 친다.

벌레로 변한 그레고르는 방에서 나오지 못한다. 방에 갇혀 음식을 받아먹으며 희망 없는 나날을 보낸다. 가족들은 그레고르 방에서 가구를 치우고 온갖 잡동사니를 쌓아 창고처럼 사용하기 시작한다. 이제 집 안에 그레고르만의 공간은 사라지고, 그의 존재도 점점 지워진다. 물리적 공간뿐 아니라 가족들의 마음속에서도 그는 자리를 잃는다. 가족들에게 그레고르는 사랑하는 아들이 아니라 괴물일 뿐이다. 괴물이 된다는 것은 사물이 되는 것보다 더 끔찍하다. 누구도 의자나 모자를 혐오하지 않는다. 그러나 괴물은 혐오와 공포의 대상이다. 살려 두면 안 되는 존재다.

벌레로 변한 남자라니, 낯설고 기이한가? 살다 보면 자기도 모르게 자기가 벌레가 된 듯한 느낌을 받을 때가 있다. 경멸하는 눈빛, 모멸감을 주는 태도 등이 그러한 감정을 불러일으킨다. 한국 사회에 만연한 '-충(蟲)'이라는 표현은 어떤가? 맘충, 급식충, 알바충, 지방충, 틀딱충, 연금충 등 사람을 벌레에 비유하는 단어가 넘친다. 이는 단순한 비유를 넘어서 특정 개인을 비하할 때 쓰는 혐오 표현이다. 우리도 모르는 사이에 인간을 벌레 취급하고 있을지도 모를 일이다.

돈 때문에 가족을 버린다고?

***

그레고르는 벌레로 변했어도 가족 걱정이 먼저다. 벌레로 변한 자기 처지보다 가족을 위해 돈을 벌지 못하게 된 현실에 노심초사한다. 벌레가 되고 나서 더는 출근할 수 없다는 사실을 먼저 염려한 것은 의미심장하다. 그레고르는 가족의 생계는 물론이고 가족의 빚까지 떠맡고 있다. 5년 전 아버지가 사업에 실패한 뒤로 그는 가족을 책임져야 했다. 아버지는 그레고르의 회사 사장에게 빚을 졌고 그레고르가 그 빚을 착실히 갚고 있었다.

그레고르에게 가족은 일하는 이유이자 목적이었다. 그의 관심사는 가족을 절망의 구렁텅이에 빠뜨린 파산을 해결하는 것이었다. 그레고르는 눈코 뜰 새 없이 죽어라 일했다. 그 덕분에 말단 직원에서 출장 영업 사원으로 승진했고, 가족도 좋은 집에서 편안하게 살았다. 그레고르는 이를 매우 자랑스럽게 여겼다. 그는 자기 삶이 아닌 가족을 위한 삶을 살았다.

하지만 가족들은 그레고르가 벌레로 변한 사실을 알고는 징그러워하며 그와 마주하기를 꺼린다. 아버지, 어머니, 여동생은 조금씩 다른 반응을 보인다. 아버지는 벌레로 변한 그레고르에게 가장 적대적이다. 처음부터 반감이 컸으며, 방 밖으로 기어 나온 그레고르를 향해 사과를 던진다. 어머니는 그레고르가 벌레로 변했을 때 가장 큰 충격을 받은 인물이다. 하지만 그 충격이 아들을 잃은 슬픔 때문인지, 돈 걱정 때문인지는 명확하지 않다.

여동생은 오빠를 향한 애정이 깊어 보인다. 그녀는 벌레로 변한 오빠를 위해 음식을 챙겨 주고, 부모가 오빠에게 노골적으로 거부감을 보일 때도 그를 감싼다. 하지만 마지막 순간에 그레고르를 가장 냉정하게 외면한 사람도 바로 여동생이다. "무슨 수를 써서라도 괴물에게서 벗어날 궁리를 해야 해요." 여동생이 그레고르를 향해 한 말이다. 그녀는 그레고르를 더는 '오빠'라고 부르지 않는다. 대신 '괴물'이라고 부른다. 가족들은 말도 못 하는 벌레를 돌보는 일에 지쳐 그를 괴물 취급한다.

그레고르가 돈을 벌지 못하자 그동안 일을 하지 않았던 아버지와 어머니, 여동생이 일을 하기 시작한다. 아버지는 은행 경비원으로 취직하고, 천식으로 고생하던 어머니는 옷 가게에서 삯바느질 일감을 받아 생활비를 보탠다. 음대 진학을 꿈꾸던 여동생은 시내 상점의 판매원으로 취직한다. 모두 경제 활동에 나서면서 생활이 조금씩 나아지자 그레고르는 숨겨야 할 '가문의 수치'이자 '집안의 비밀'이 되었다. 가족은 그의 물건을 내다 버리고 방을 말끔히 치운다.

벌레가 된 그레고르는 괴상한 소리밖에 낼 수 없지만, 가족들의 말은 모두 알아듣는다. 의지만 있었다면 가족들은 그레고르와 소통할 수도 있었다. 예를 들어 "배가 고프면 앞발을, 배가 안 고프면 뒷발을 들어 줘" 같은 식의 약속만 정해도 충분히 의사소통이 가능하다. 하지만 가족들은 소통하려는 시도조차 하지 않고, 처음부터 말을 알아듣지 못할 거라고 단정한다. 아버지는 "만일 저 애가 우리 말을 알아듣는다면 말이다"라고 중얼거리지만, 여동생이 그럴 리 없다고 말하자 동의한다는 듯이 두 눈을 지그시 감는다.

가족이 돌보지 않자, 그레고르는 굶어 죽는다. 아버지가 던진 사과가 박힌 부위가 곪으면서 몸이 썩고, 먹지 못해 차츰 죽어 간다. 그는 교회 탑시계가 새벽 3시를 알릴 때까지 깊은 명상에 잠겨 있었다. 이윽고 콧구멍에서 마지막 숨이 희미하게 흘러나온다. 가족들은 그의 죽음을 슬퍼하기는커녕 괴물의 시체를 치우기에 급급하다. 가정부를 시켜 시체를 치우고 각자 결근계를 쓴 뒤 교외로 나들이를 떠난다.

〈즐거운 나의 집〉이라는 노래에 이런 가사가 나온다. "즐거운 곳에서는 날 오라 하여도 내 쉴 곳은 작은 집 내 집뿐이리" 극작가이자 배우인 존 하워드 페인이 만든 곡이다. 그는 이 노래를 짓고 친구에게 편지를 보냈다. "세상 사람들에게 가족이 주는 기쁨을 자랑스럽게 노래한 나는 아직껏 집이라는 맛을 모르고 지냈으며 앞으로도 맛보지 못하고 말 것이오." 페인이 〈즐거운 나의 집>을 노래한 까닭은 가족과 함께한 적이 없기 때문이다. 그는 평생 결혼하지 않고 집도 없이 떠돌며 살았다. 친구에게 편지를 쓰고 1년이 지나, 그는 길거리에서 외롭게 생을 마감했다.

안식처가 되어 줄 가족 없이 쓸쓸히 죽어 갔다는 점에서 그레고르와 페인의 삶은 닮았다. 그레고르도 페인처럼 마지막 순간까지 가족을 그리워하지 않았을까? 자신을 온전히 받아 줄 따뜻한 가족의 품을 말이다.

사람보다 돈이 더 중요할까?

****

그레고르는 자신을 가족의 생계를 책임지는 사람으로 정의하며 평생 일벌레로 살았다. 그의 삶에 정작 자신은 없었다. 그는 벌레로 변한 뒤에야 그 사실을 깨닫는다.

그레고르는 자기 삶을 희생하며 가족을 부양해 왔다. 가족은 그레고르가 벌어다 준 돈을 당연하게 여기며 철저히 그에게 의존했다. 사실 아버지는 충분히 일할 수 있었고, 게다가 부모에게는 2년 동안 생계를 유지할 만한 돈도 있었다. 그레고르는 벌레가 된 뒤에야 이 모든 사실을 알게 된다. 그레고르의 수입이 끊기자 가족은 곧바로 새로운 생계 수단을 찾아 하숙인을 들인다. 그러고는 그레고르에게 보여 준 적 없는 정성을 하숙인들에게 쏟는다. 가족에게 중요한 것은 관계가 아니라 돈이었다.

그레고르가 벌레로 변했다는 사실은 중요하지 않다. 중요한 것은 밥벌이를 하지 못한다는 점이다. 만약 그레고르가 벌레가 된 뒤에도 예전처럼 돈을 벌어 왔다면 가족들이 그렇게 냉대했을까? 적어도 방에서 쓸쓸히 죽어 갈 때 외면하지는 않았을 것이다. 그레고르가 사라지자 가족은 이제 딸의 결혼에 희망을 건다. 마지막 장면은 그레고르가 맡았던 역할을 사위가 대신하게 될 것임을 암시한다. 이는 새로운 불행을 예고한다. 누군가 또다시 이들의 생계를 짊어질 것이다.

우리 주변의 가족들은 어떨까? 국제사회조사프로그램(ISSP)에서 세계 각국 사람들에게 부모를 얼마나 자주 찾아가는지 물었다. 그리고 부모에게 자주 가는 사람과 그렇지 않은 사람의 차이를 조사했다. 학자들은 결과를 이모저모 분석했지만 딱히 특별한 맥락을 찾지 못했다. 부모에게 자주 가는 사람들이 그 이유를 그저 부모니까 가는 것이라고 답했기 때문이다. 그러나 한국은 부모의 재산에 따라 자녀가 방문하는 빈도가 확연히 달랐다. 부모가 집이 있고 재산이 많으면 자식들이 자주 찾아갔고, 부모가 집이 없고 재산이 없으면 찾아가지 않았다.

늙고 아프면 결국 의지할 건 가족뿐이라고 말하지만 실제 현실은 다르다. 2018년 〈노인 학대 현황 보고서〉에 따르면 노인 학대의 90퍼센트가 가족에 의해 발생했고, 가족과 함께 살던 노인이 요양 시설에 가는 비율이 더 높았다. 게다가 많은 한국인은 가족에게 부담을 주지 않는 죽음을 '좋은 죽음'으로 여긴다. 결국 믿을 건 가족뿐이라는 말은 따뜻한 위로처럼 들리지만 실제로는 허상에 가깝다.

돈이 없으면 인간다운 삶이 불가능한 세상에서 돈벌이를 하지 못하는 인간은 누구나 벌레로 전락할 수 있다. "일하지 않는 자, 먹지도 말라"라는 말이 있듯이 돈벌이를 하지 못하는 사람은 가족의 삶을 갉아먹는 해충 취급을 받는다. 《변신》에 나오는 '벌레'도 독일어 원문은 '해충(ungeziefer)'이다.

시인이자 소설가인 알렉산드르 푸시킨은 "인간은 돈이 아니라 인간을 추구해야 한다"라고 말했다. 그러나 현실은 어떤가? 돈이 사람의 존엄을 압도하는 세상에서, 인간은 점점 더 돈을 얻기 위한 수단으로 전락한다. 한 사람이 쓸모를 다해 더는 수단의 역할을 해내지 못할 때 관계는 깨지고 그 사람은 버림받는다. 그렇다면 진짜 벌레는 누구일까? 벌레가 되어서도 가족을 걱정한 그레고르일까, 그런 그레고르를 죽음으로 내몬 가족들일까?

자본주의가 사람을 소외시킨다고?

***

그레고르는 벌레가 되기 전부터 이미 벌레였다. 바로 '일벌레'였다. 옷감을 파는 영업 사원인 그는 매일 새벽 4시에 일어나 새벽 5시에 기차를 타고 두 시간가량 떨어진 도시로 나가 근무한다. 비가 오나 눈이 오나 새벽에 출근했으며 5년간 단 한 번도 결근하지 않았다.

소설 초반부에 자주 등장하는 사물이 있다. 바로 탁상시계다. 그레고르가 탁상시계를 바라보는 모습이 열 번 이상 묘사될 정도다. 침대에서 눈을 뜬 그레고르는 째깍거리는 초침 소리에 서둘러야겠다고 조바심을 낸다. 몸을 일으키는 데 실패하자 기차를 탈 수 있을지 걱정하며 15분마다 분침을 확인한다. 몸이 계속 말을 듣지 않자 시계를 바라보며 불안감에 휩싸인다. 째깍거리는 시곗바늘 소리는 시간에 쫓기는 영업 사원의 초조한 심리를 드러낸다. 또 정해진 시간에 맞춰 끊임없이 다음 고객을 찾아다녀야 하는 쳇바퀴 같은 일상을 연상케 한다.

그레고르에게 일은 그저 밥벌이일 뿐이다. 그레고르는 늘 열차 환승을 걱정해야 하고, 식사는 부실하고 불규칙하며, 상대하는 이들과의 관계는 지속적이지도 진실하지도 못하다고 불평한다. 또 부모님만 아니면 벌써 사표를 냈을 거라고 고백한다. 그레고르는 매일 지각할까 봐 걱정하는 성실한 사람이지만 회사에 대한 애정은 별로 없다.

그레고르는 오로지 일뿐인 삶을 살았다. 살기 위해 일한다기보다 일하기 위해 사는 셈이었다. 자신보다 일이 우선인 삶을 더러 '인간 소외'라고 부른다. 인간 소외를 가장 극적으로 보여 주는 사례가 바로 돈이다. **돈은 목적이 아니라 수단이다. 잘 살기 위해서 돈을 버는 것이지, 많은 돈을 벌려고 사는 게 아니다.** 그런데 어느 순간부터 돈 자체가 목적이 되어 버리는 경우가 많다.

자본주의 사회에서 노동은 생계를 위한 필수 조건이 되었지만, 그 과정에서 가족 관계는 점점 더 소원해졌다. 그레고르는 가족을 부양하기 위해 쉬지 않고 일했지만 정작 가족과 함께할 시간은 없었다. 그는 오랜 시간 출장을 다니느라 집에서는 늘 피곤한 모습이었다. 가족과 깊은 대화를 나누거나 정서적 유대를 쌓을 기회조차 없었다. 가족을 위해 일했지만 아이러니하게도 그 노동이 오히려 가족과의 거리를 벌려 놓았다. 결국 그레고르는 가족에게 경제적 도구로 취급되었고, 경제적 쓸모가 다하자 버려졌다.

카프카가 살던 20세기 초부터 오늘날까지도 노동자는 소모품처럼 쓰이고 버려진다. 초기 자본주의 사회는 노동자를 '일하는 기계'처럼 다루었다. 회사 지배인이 지각을 문제 삼으며 그레고르의 집을 찾아온 시간은 겨우 아침 7시 10분이다. 출근 시간이 7시

인데 말이다. 당시 노동자들이 얼마나 열악한 환경에서 일했는지를 보여 주는 장면이다. 《카프카 평전》에 따르면, 1907년 10월 2일 카프카가 실제로 지원했던 어느 회사의 채용 공고문에는 이렇게 적혀 있었다. "무조건 의욕적으로 일할 것. 초과 근무 수당은 없음."

노동력을 상실하면 자본주의 사회에서 쓸모없는 인간이 된다. 오늘날 사람의 가치는 개인의 능력이 조직의 이익에 얼마나 기여하는지에 따라 결정된다. 가치를 다했다고 여겨지는 순간, 기계 부속품을 폐기하듯 하루아침에 버려진다. 그레고르가 가족의 생계를 책임지는 동안에는 구성원으로 인정받았지만, 돈벌이를 못하게 되자 존재 자체를 부정당하고 버려진 것처럼 말이다.

인간을 쓸모의 유무로만 판가름하다가 벌어진 비극이 홀로코스트다. 독일 정부는 유대인을 추방하기 위해 일자리부터 빼앗았다. 유대인 교사, 공무원, 변호사, 판사를 강제로 퇴직시키고 유대인이 좋은 일자리를 얻지 못하도록 했다. 독일을 떠나지 못한 수많은 유대인은 결국 '역겨운 벌레'가 되어 가스실에서 집단 학살을 당했다. 독일 나치는 600만 명의 유대인을 포함해 1,100만 명가량을 학살했다. 집시, 부랑자, 장애인, 동성애자 등 사회적 약자들이 희생되었다.

《변신》은 그레고르의 비극을 통해 인간을 쓸모로만 판단하는 사회의 냉혹함을 보여 준다. 경제적 가치만을 기준으로 삼을 때, 쓰임새가 다한 사람들은 쉽게 버려지고 소외된다. 그러나 세상에는 돈 말고도 다양한 가치가 존재한다. 더 나아가 경제적으로 쓸모가 없더라도 인간은 그 자체로 존엄한 존재다. 단지 '쓸모없음'을 이유로 누군가를 혐오하거나 배척해서는 안 된다.

우리는 종종 사회적 성공이라는 기준에 얽매인다. 사회는 좋은 성적, 좋은 대학, 좋은 직업이 마치 인간의 가치를 결정하는 것처럼 여긴다. 하지만 그런 기준에서 벗어나더라도, 우리는 충분히 의미 있는 삶을 살아갈 수 있다. 특별한 몇몇이 아닌 평범한 다수가 사회를 지탱한다. 오케스트라에 화려한 솔리스트만 있다면 어떨까? 아름다운 선율은 묵묵히 연주하는 단원들 덕분에 완성된다. 사회는 다양한 방식의 삶을 존중해야 한다. 인간의 존엄은 평가의 대상이 아니다. 인간은 그 자체로 존엄하다는 사실을 잊지 말자.

유대인이 기록한 이방인의 삶

카프카의 자화상

프란츠 카프카의 아버지는 자수성가한 유대인 상인으로 생활력이 강하고 보수적이었다. 그는 병약하고 내성적인 아들이 늘 못마땅했다. 어린 시절부터 카프카는 엄격한 아버지의 규율 아래에서 자랐고, 카프카의 수줍고 소심한 성격 또한 그 영향으로 보인다. 가부장적인 아버지는 아들을 거칠게 대했고, 유약한 카프카는 그런 아버지가 견디기 힘들었다.

카프카는 이러한 갈등을 작품 속에 담아냈다. 그레고르는 바로 자신의 자화상이다. 특히 아버지가 그레고르에게 사과를 던지는 장면은 현실에서 겪은 부자간의 갈등을 상징적으로 드러낸 장면으로 해석된다. 실제로 카프카는 아버지에게서 '생활 능력이 없는 녀석' '다른 사람의 피를 빨아먹는 해충'이라는 모욕적인 말을 듣기도 했다.

이방인의 글쓰기

카프카는 아버지의 강요로 카렐대학에서 법학을 전공했다. 졸업 후 프라하 최고의 금융 기관에 취직했지만 과중한 업무에 시달리다 퇴사하고 산재 보험청으로 자리를 옮겼다. 직장을 옮긴 뒤부터 낮에는 일하고 밤에는 글을 쓰는 생활을 했다.

72

카프카는 상류층과 어울리려면 독일어를 써야 한다는 아버지 말을 따랐다. 그는 체코에서 태어났지만 독일어를 썼으며 핏줄은 유대인이었다. 어디에도 속하지 못한 이방인으로서 그는 끊임없이 정체성을 고민했다. 《변신》에 나오는 "나는 도대체 어디에 있는 걸까요? 누가 나를 검증할 수 있을까요?"라는 질문이 이를 잘 보여 준다.

불태우지 않은 유산

폐결핵을 앓았던 카프카는 마흔한 살의 나이로 세상을 떠났다. 불행하게도 생전에는 문학으로 인정받지 못했다. 장편 소설 《실종자》의 첫 장인 〈화부〉가 단편으로 출간되어 받은 폰타네상이 거의 유일한 성과였다. 카프카는 죽음을 앞두고 친구 막스 브로트에게 유언을 남겼다. "친애하는 막스. 당신이 발견한 일기, 원고, 편지, 그림은 모두 읽지 말고 태워 주게."

우리가 오늘날 프란츠 카프카라는 위대한 작가를 만날 수 있는 것은 브로트가 그 유언을 따르지 않았기 때문이다. 그는 친구의 부탁을 들어줄지 깊이 고민했지만, 결국 유언을 거스르고 《소송》《아메리카》《성》 등의 작품을 세상에 내놓았다. 오늘날 카프카가 문학사에 길이 남을 작가가 된 것은 그의 유고를 지켜 낸 막스 브로트 덕분이다.

자기 앞의 생

에밀 아자르

낡은 빌라 꼭대기에 모모와 로자 아줌마가 산다. 혈연은 아니지만 로자 아줌마는 모모를 친자식처럼 길렀다. 나이가 들고 건강이 나빠지자 로자 아줌마가 돌보던 아이들이 하나둘 떠난다. 그러나 모모만은 그녀 곁을 떠나지 않는데……

사랑하지 않고
살아갈 수 있을까?

모모와 로자 아줌마는 어떤 관계일까?

***

모모는 소설 중반부에 실제 나이가 열네 살이라고 밝혀지지만, 본인을 포함해서 모두가 열 살로 알고 있다. 모모는 세 살 때부터 로자 아줌마와 살았다. 그전 일은 잘 기억하지 못한다. 세 살 이전에는 엄마와 함께 살았기 때문에 생각 없이 살 수 있었다. 그런데 엄마와 떨어지면서 살아남기 위해 생각하기 시작했다. 모모 엄마는 창녀로 짐작되지만, 로자 아줌마는 잘 모른다며 자세히 이야기하지 않는다.

로자 아줌마는 늙고 병들었다. 몸무게가 95킬로그램이나 나가고, 심장병을 앓고 있어 엘리베이터가 없는 7층짜리 건물을 오르내리기 무척 힘들다. 로자 아줌마는 폴란드 태생 유대인으로 2차 세계 대전 당시 아우슈비츠 수용소에 끌려갔다가 극적으로 살아 돌아왔다. 지금도 그때의 악몽에 시달리며 언제 다시 수용소로 끌려갈지 모른다는 두려움을 떨치지 못한다. 그녀가 가장 무서워하는 것은 초인종 소리다. 초인종이 울리기만 해도 자신을 잡으러 왔다며 극심한 공포에 빠진다. 문밖에 있는 독일군이 들이닥쳐 자신을 끌고 갈 거라며 부들부들 떤다.

그녀에게도 꽃다운 시절이 있었다. 사진 속 젊은 그녀는 아름다운 다갈색 머리를 하고 행복한 앞날을 기다리는 듯한 미소를 짓고 있다. 그러나 삶이 순탄하지 않아 젊은 시절 매춘부로 일하며 돈을 벌어야 했고, 어렵게 번 돈마저 사랑하는 사람에게 빼앗겼다. 밝고 예뻤던 소녀는 뚱뚱하고 종종 기억을 잃는 노인이 되었다. 모모는 늙어 버린 로자 아줌마와 사진 속 소녀를 비교하면서 그녀를 지금의 모습으로 망가뜨린 것은 결국 삶이라는 사실을 깨닫는다. 삶이 그녀를 파괴한 것이다.

로자 아줌마는 나이가 들면서 창녀들의 아이들을 돌보며 생계를 이어 간다. 보육비를 받고 아이들을 맡아 기르지만, 보육비가 끊겨도 차마 보호소에 보내지 못한다. 불평을 늘어놓으면서도 아이들에게는 늘 애정을 쏟는다. 새로운 부모를 찾아 입양을 보내기도 하고, 입양되지 못한 아이들은 돈과 상관없이 끝까지 책임진다. 버림받은 아이들에게 로자 아줌마는 성모와 같았다. 그들 중에서 모모는 가장 오랫동안 함께한 아이였다.

모모는 사랑과 관심이 절실했다. 아무도 자신을 바라보지 않는 듯한 외로움 속에서 누군가의 관심이라도 끌고 싶어 몸부림쳤다. 식료품 가게에 들어가 일부러 주머니에 물건을 넣은 뒤, 들킬 때까지 기다렸다가 그대로 붙잡힌다. 가게 주인이 때리려 하자 모모는 기다렸다는 듯 서럽게 울부짖으며 난리를 피운다. 나를 좀 봐 달라는 절박함이 담긴 울음이었다.

어느 날, 모모는 반려동물 센터에서 푸들 한 마리를 훔쳐 와 쉬페르라는 이름을 붙이고 지극 정성으로 기른다. 모모는 쉬페르를 무척 사랑했지만, 결국 다른 사람에게 돈을 받고 넘긴다. 돈이 필요해서가 아니었다. 쉬페르에게 자신이 누릴 수 없는 멋진 삶을 선물해 주고 싶었기 때문이다. 모모는 대가로 받은 돈을 차마 쓸 수 없어 하수구에 버린다. 이게 모모가 사랑하는 방식이다.

피보다 진한 사랑이 있을까?

✱✱✱

어느 날 모모의 아버지가 아들을 찾으러 온다. 그런데 로자 아줌마가 보기에 그는 아이를 사랑으로 키울 사람이 아니었다. 그녀는 자신이 착각해서 이슬람교도인 당신 아들을 유대인으로 키웠다며 유대인 모세가 당신 아들이라고 거짓말한다. 유대인 이름을 지어 주고 할례, 즉 유대인 의식에서 유래한 포경 수술을 받게 하고 유대인 음식을 먹여 키웠다고 말한다. 모모 아버지가 노발대발 화를 내자 그녀는 아이를 이슬람교도로 키웠든, 유대교도로 키웠든 당신 아들 아니냐고 묻는다. 그러나 그는 유대인으로 성장한 아들을 받아들이지 못한다. 로자 아줌마는 훗날 이 이야기를 전하며 그가 큰 충격을 받아 심장마비로 죽었다고 말한다.

사랑보다 앞서는 것이 있다. 때로는 돈이, 때로는 종교가, 때로는 고정 관념이 그렇다. 사람들은 사랑을 말하면서도, 정작 중요한 순간에 다른 것을 선택하곤 한다. 《변신》에 나오는 가족에게는 돈이, 모모의 아버지에게는 종교가 사랑보다 더 중요했다.

모모는 로자 아줌마가 자기를 사랑해서 키우는 줄 알았다. 일곱 살쯤 매달 들어오는 양육비 때문에 자신을 길렀다는 사실을 알고 밤새 울고 또 울었다. **로자 아줌마는 가족이란 알고 보면 아무것도 아니라고 말해 준다. 그녀는 혈연으로 맺어진 관계가 아니라 서로를 사랑으로 돌보는 관계가 진정한 가족이라고 생각했다.**

로자 아줌마는 심장병이 심해지면서 더는 계단을 오르내리지도, 아이들을 돌보지도 못한다. 처음에는 로자 아줌마가 모모를 돌봤지만, 병으로 쓰러진 후에는 모모가 그녀를 돌본다. 비송 거리에서 알고 지내던 사람들도 그녀를 돕는다. 모모는 이웃의 도움을 받아 직접 아이들을 기른다.

로자 아줌마 건강이 나빠지면서 아이를 맡기는 매춘부가 줄자 살림이 쪼들리기 시작한다. 아이들이 하나둘 떠나지만 모모는 로자 아줌마 곁을 떠날 마음이 전혀 없다. 로자 아줌마와 모모는 인종뿐만 아니라 나이와 성별까지 다르다. 그러나 모모는 이렇게 말한다. "내게는 한 가지 생각뿐이었다. 로자 아줌마 곁에 앉아 있고 싶다는 것. 적어도 그녀와 나는 같은 부류의, 똥 같은 사람들이었으니까."

이 대사는 모모가 로자 아줌마에게 느끼는 깊은 애정과 연대를 담고 있다. '똥 같은 사람'이란 사회에서 존중받지 못하고 외면당한 존재다. 고아인 모모는 자신을 버림받은 존재라고 여겼다.

로자 아줌마 역시 유대인이라는 이유로 모진 차별을 받았고 병든 노인이 된 후에도 사회로부터 보호받지 못했다. 모모는 자신과 로자 아줌마가 같은 처지라는 사실을 깨닫고, 서로에게 위안이 되는 유일한 존재라고 생각했다.

《자기 앞의 생》은 마음을 나누는 관계가 어떤 것인지 잘 보여준다. 모모는 "우리가 세상에서 가진 것이라고는 우리 둘뿐이었으니까"라고 말한다. 둘은 서로를 이해하고 서로의 곁을 지킨 유일한 존재다. **어떤 관계는 때로 피보다 진하다. 피가 섞이지 않아도 가족이 될 수 있다. 모모와 로자 아줌마 사이에는 인종과 나이, 성별을 초월한 사랑이 오간다.**

사람은 사랑 없이 살 수 있을까?

***

로자 아줌마는 몸이 쇠약해지면서 정신을 깜빡깜빡 잃는다. 정신이 들면 모모에게 엉덩이로 벌어먹고 살 생각을 하지 말라고 간절히 부탁한다. 또 억지로 생명을 연장하는 병원에 자신을 보내지 말라고 당부한다. 모모는 아줌마가 발작을 일으켜 의식을 잃을 때마다 불안해한다. 로자 아줌마가 죽고 나면 홀로 남게 될 거라는 두려움에 휩싸여 거리를 헤맨다. 때로는 현실에서 도망치고 싶은 마음에 차라리 범죄를 저지르고 감옥에 가는 게 낫겠다고 생각한다.

로자 아줌마가 혼수상태에 빠지자 이웃들과 의사는 그녀를 당장 입원시켜야 한다고 말한다. 그러나 모모는 이스라엘에서 친척이 와서 아줌마를 데리고 갈 거라고 거짓말하고, 아줌마를 아파트 지하실로 옮긴다. 병원에 보내지 않겠다는 약속을 지키기 위해서다. 지하실은 평소에도 그녀가 공포를 느낄 때 몰래 숨던 곳이다. 모모는 죽음이 가까워져 악취를 풍기는 로자 아줌마를 꼭 끌어안는다. 아줌마가 자기 몸에서 냄새가 난다는 사실을 알고 창피해하지 않도록 한 배려였다.

다른 작품이었다면 '모모는 사랑하는 그녀를 떠나보냈다'며 이야기를 끝마쳤을 것이다. 그러나 모모는 로자 아줌마가 죽고 나서도 얼굴에 분을 바르고 향수를 뿌려 주며, 마치 함께 삶을 마치려는 듯 그녀 곁에 머물렀다. 시체 썩는 냄새를 맡은 이웃들이 지하실 문을 열 때까지도 모모는 아줌마를 떠나지 않았다. 그녀는 이미 숨을 거두었지만, 모모에게는 중요하지 않았다. "숨을 쉬지 않아도 사랑했으니까."

병세가 악화되어 감당하기 어려운 상황이 왔을 때, 어린 모모는 어른들에게 아줌마를 돌보는 일을 맡겨도 됐다. 자기를 돌봐준 것에 대한 도리를 지키겠다는 생각이었다면 모모가 그동안

한 일만으로도 충분했다. 하지만 모모는 시신이 부패할 때까지도 그녀 곁을 지킨다. 이것이 모모의 사랑법이다.

지하실에서 구출된 뒤 모모는 생각했다. "사람은 누구나 사랑할 사람이 없으면 살 수 없다. 사람은 서로 사랑해야 한다." 책의 앞부분에서 모모는 하밀 할아버지에게 "사람이 사랑 없이도 살 수 있나요?"라고 묻는다. 할아버지는 한참 생각하다가 그렇다고 말했다. 그러고는 창피한 듯 고개를 숙였다. 대답을 들은 모모는 울기 시작했다. 모모는 그런 삶을 상상도 못 했을 것이다.

"그들은 말했다. '넌 네가 사랑하는 그 사람 때문에 미친 거야.' 나는 대답했다. '미친 사람들만이 생의 맛을 알 수 있어.'" 책의 첫머리를 장식한 글이다. 모모는 책의 마지막 문장에서 마치 쐐기를 박듯 말한다. "사랑해야 한다." 이 책은 결국 사랑에 관한 이야기다. 혈연이나 부부처럼 제도로 엮인 사랑이 아니다. 이름 없는 존재들, 가난하고 상처 입은 이들을 끌어안는 사랑이다. 굳이 이름 붙이자면 인류애에 가깝다. "소설이 우리에게 주는 것은 새로운 지식이 아니라 다른 존재들과 소통할 수 있는 능력이다. (…) 이러한 체험이 최종적으로 알려 주는 것은 진리가 아니라 인간관계의 최상의 형태, 즉 사랑이다." 문학 이론가 츠베탕 토도로프가 한 말이다.

변두리 골목에도 꽃은 핀다고?

***

《자기 앞의 생》에는 모모와 로자 아줌마 외에도 아름다운 관계가 많이 등장한다. 하밀 할아버지는 모모에게 어디서도 배울 수 없는 삶의 지혜를 알려 준다. "완전히 희거나 검은 것은 없다" 같은 지혜 말이다. 할아버지는 모모에게 온정을 받았다. 사람들이 할아버지를 그저 뒷방 늙은이로 취급할 때 모모는 늘 "하밀 할아버지! 하밀 할아버지!" 하고 이름을 불러 주었다. 할아버지의 이름을 기억하는 사람이 아직 있다는 사실을 상기시켜 주기 위해서다.

명품 매장이 늘어선 파리 샹젤리제 거리에서 지하철로 20분쯤 북동쪽으로 가면, 가난한 이들이 모여 사는 19·20구가 나온다. 모모가 사는 비송 거리에는 유대인, 아랍인, 아프리카인 등 다양한 이주 노동자들이 모여 산다. 모모가 사는 건물에도 이민자, 창녀, 그리고 그들과 함께 살아가는 사람들이 뒤섞여 있다. 소위 '변두리 인생'을 사는 사람들이다. 《자기 앞의 생》에서 프랑스 사회의 주류 인물은 의사 카츠뿐이다. 작가 자신이 이민자였기 때문일지도 모른다. 이 소설은 어린이와 노인, 창녀와 고아, 성소수자와 이주 노동자처럼 사회의 중심에서 밀려난 이들로 가득하다.

변두리 인생을 사는 사람들은 서로를 돕는다. 어린 모모와 몸이 아픈 로자 아줌마가 계단도 없는 7층짜리 건물에서 계속 살아갈 수 있었던 것도 이들 덕분이다. 여장 남자인 롤라는 세네갈 출신으로 권투 선수였지만 지금은 매춘부로 일한다. 일을 마치고 피곤할 텐데도 7층까지 올라와 로자 아줌마를 깨끗이 씻기고 옷을 갈아입힌다. 모모는 착한 롤라 아줌마가 엄마가 되지 못하는 것이 불만이다. 이삿짐을 나르는 자움 씨네 형제들은 100킬로그램 가까이 되는 로자 아줌마를 7층에서 들고 내려와 외출을 시켜 준다. 청소 일을 하는 카메룬 출신 왈룸바는 동료들을 데려와 아줌마 앞에서 불을 삼키는 묘기를 부린다.

카츠는 비송 거리에 사는 사람들에게 따뜻한 자비를 베푼다. 몸이 아픈 이웃이 있으면 대가를 따지거나 시간을 가리지 않고 찾아가 도움을 준다. 때때로 늦은 밤 환자가 찾아와 문을 두드려도 정성껏 치료해 준다. 로자 아줌마는 치료비조차 낼 수 없는 형편이었지만, 카츠는 아무 말 없이 7층까지 걸어 올라가 진찰한다. 돈보다 사람이 중요했기에 그는 언제나 환자의 고통을 먼저 생각한다.

이들은 남을 도울 때 결코 대가를 바라지 않는다. '나도 나중에 도움을 받을 수 있겠지'라고 생각하지 않는다. 훗날 득이 되어 돌아오리라는 기대가 아니라 누군가의 어려움을 그냥 지나치지 못하는 마음으로 돕는다. 그들은 서로 도우며 고단한 현실을 헤쳐 나가는 삶 자체에 기쁨을 느낀다. **비록 형편은 넉넉하지 않지만, 연대가 넘치는 이들의 삶은 따뜻하고 풍요롭다.**

변두리에 사는 사람들은 사회에서 투명 인간 취급을 받는다. 에밀 아자르는 변두리로 밀려나 잘 보이지 않지만 서로 사랑할 줄 아는 이들의 삶을 섬세하게 그려 냈다. 모모의 이웃들은 힘들게 살아가지만, 절망에 무릎 꿇거나 포기하지 않는다. 로자 아줌마는 물론이고 모모의 주변 인물 모두가 모모에게는 친구이자 선생이자 가족이었다. 모모는 이들을 통해 가난과 절망을 딛고 살아가는 법, 삶을 껴안고 상처와 슬픔을 어루만지는 법을 배운다.

인간에게는 우정이 곧 둥지라고?

***

인간은 수많은 가면을 쓰고 살아간다. 인간(person)이라는 단어는 가면을 뜻하는 라틴어 페르소나(persona)에서 유래한 말이다. 인간은 타인에게 보이기 위해 가면을 쓴다. 만약 인간이 로빈슨 크루소처럼 홀로 살아간다면 가면을 쓸 필요가 없다. 가면은 관계의 산물이다. 아리스토텔레스가 말한 것처럼 인간은 사회적·정치적 동물이다. 공동체를 떠나서는 인간다운 삶이 불가능하다.

톰 행크스가 주연인 〈캐스트 어웨이〉라는 영화가 있다. 주인공은 비행기 사고로 무인도에 고립되자 가장 먼저 사람의 발자취를 찾아다닌다. 끝내 아무도 만나지 못하자 배구공에 사람 얼굴을 그린 뒤 윌슨이라고 이름을 지어 준다. 주인공은 날마다 윌슨과 대화를 나눈다. 이처럼 사람은 누구나 말할 상대, 즉 친구가 필요하다.

정현종 시인은 "사람과 사람 사이에 섬이 있다"라고 말했다. 누구나 섬처럼 고립되었다고 느끼지만, 누구든 섬에서 탈출할 수 있다. 섬에서 탈출하는 방법은 간단하다. 다른 섬의 존재를 확인하는 것이다. 섬은 물속에서 이어져 있다. 물을 퍼내면 섬이 육지처럼 연결되어 있음을 알 수 있다. 서로가 연결되어 있다는 사실을 깨닫는 순간, 우리 삶은 훨씬 더 풍요로워진다. 영화 〈어바웃어 보이>에는 존 던의 시구를 풀어 쓴 대사가 나온다. "우리는 섬이 아니다. 섬이라 하여도 그것은 줄지어 늘어서 있는 열도의 일부이고, 모든 열도는 바다 밑에서 연결돼 있다."

모든 생명체는 모래알이 아니라 물방울이다. 모래알은 다른 모래알과 부딪히면 튕겨 나가지만, 물방울은 서로 스미고 섞인다. 인간도 마찬가지다. 인간은 저 홀로 존재하는 것 같아도, 실제로는 타인 없이 존재할 수 없다. '인간'을 이루는 한자만 봐도 알 수 있다. '人間'에는 사이 간(間) 자가 들어 있다. 사람이란 무릇 사람과 사람 사이의 관계에 기대어 존재한다. **인간의 삶은 서로에게 빚지지 않고서는 한순간도 유지될 수 없다. 타인은 내 존재의 전제 조건이다.**

1960년대 미국 펜실베이니아주 로제토 마을을 조사하던 연구자들은 신기한 사실을 발견했다. 이탈리아 이민자로 구성된 이 마을은 주민 대부분이 비만인 데다 술과 담배를 즐기는데도 심장병 사망자가 거의 없었다. 또한 치매 환자나 중독자 발생률도 매우 낮았다. 비결은 친밀한 사회적 관계였다. 마을에는 3대가 함께 사는 대가족이 많았고, 이웃끼리 관계도 좋았다. 친밀한 관계는 개인의 건강은 물론이고 마을 전체의 안녕도 지켜 주었다. 생활 수준이 비슷한 다른 지역과 달리 범죄율이 0에 가까웠다. 그러나 기적은 오래가지 못했다. 마을이 개발되면서 공동체가 무너지

자 심장병 사망률은 급격히 증가해 30년 만에 두 배로 치솟았다. 주머니는 두둑해졌을지 몰라도 관계는 깨지고 건강은 나빠졌다.

타인을 나와 다르지 않은 존재로 느끼는 유대감에서 인류애가 싹튼다. 이러한 공감을 바탕으로 우정과 사랑이 자라난다. 모모가 로자 아줌마에게 느낀 감정도 그러했다. 시인 윌리엄 블레이크는 "새에겐 둥지, 거미에겐 거미줄, 인간에겐 우정"이라고 말했다. 인간은 타인과 더불어 살아갈 때 나락으로 떨어지지 않는다. 블레이크가 인간을 보호하는 그물망으로 돈이나 집이 아니라 우정을 꼽은 이유다.

　꿈을 향해 가는 길도 마찬가지다. 목표를 이루기 위해서는 관계를 잠시 뒤로하고 홀로 나아가야 할 것만 같다. 그러나 모모와 이웃들이 그러했듯 나를 찾아 떠나는 길에서도 꼭 혼자여야 한다는 법은 없다. "빨리 가려면 혼자 가고, 멀리 가려면 함께 가라"라는 아프리카 속담처럼 말이다.

두 번의 명성을 얻은 소설가

영화 같은 삶 끝에 찾아온 비극

로맹 가리는 아버지가 가족을 버리는 바람에 홀어머니 손에서 자랐다. 외교관, 소설가, 영화감독 등 다양한 분야에서 활동했다. 전투기 조종사로 2차 세계 대전에 참전해 훈장을 받기도 했다.

로맹 가리는 할리우드에서 만난 진 세버그와 결혼해 큰 주목을 받았다. 진 세버그는 〈네 멋대로 해라〉로 세계적 명성을 얻은 프랑스 배우였다. 두 사람은 결혼 후 함께 영화를 만들기도 했으나 8년 만에 헤어졌다. 1년 뒤 세버그는 스스로 생을 마감했고, 얼마 뒤 로맹 가리도 자살했다.

돌아가신 어머니가 보낸 편지

로맹 가리의 어머니는 2차 세계 대전 당시 공군으로 복무하던 아들에게 계속해서 편지를 보냈다. 총성과 죽음이 뒤섞인 전장에서 아들이 마음의 평화를 잃지 않기를 바라는 사랑이 담겨 있었다. 오랜 시간 어머니를 만나지 못했지만, 로맹 가리는 따뜻한 편지 덕분에 힘든 시기를 버틸 용기를 얻었다.

수백 통의 편지는 위암에 걸린 어머니가 죽음을 예감하고 미리 준비한 것이었다. 어머니가 죽은 뒤로도 로맹 가리는 3년 동안이나 규칙적으로 편지를 받았다.

로맹 가리인가 에밀 아자르인가

로맹 가리는 참전 중에 쓴 첫 작품 《유럽의 교육》으로 비평가상을 받으며 명성을 얻기 시작했다. 1956년 《하늘의 뿌리》로 프랑스에서 가장 권위 있는 공쿠르상을 받았다. 이후 《새들은 페루에 가서 죽는다》로 성공을 거두었지만 그의 작품은 점차 대중 소설로 여겨졌다. 당시 프랑스 문단은 상업적 성공을 거둔 작품을 낮게 보는 경향이 있었다. 전통적인 이야기를 고수한 로맹 가리는 시대에 뒤처진 작가로 평가받았다.

과거의 영광을 팔아 오늘을 살 수도 있었지만 로맹 가리는 그렇게 하지 않았다. 소설이 쓰고 싶었고, 제대로 평가받고 싶었다. 로맹 가리는 '에밀 아자르'라는 필명으로 작품을 발표했다. 에밀 아자르는 《자기 앞의 생》을 통해 로맹 가리와 전혀 다른 세계를 보여 주었다.

로맹 가리는 1975년 《자기 앞의 생》으로 공쿠르상을 한 번 더 수상했다. 《하늘의 뿌리》 이후 19년 만이었다. 중복 시상을 하지 않는다는 원칙 때문에 수상을 끈질기게 거부했지만 에밀 아자르가 로맹 가리라는 사실을 모르는 주최 측은 시상을 강행했다. 에밀 아자르가 로맹 가리였다는 사실은 그가 죽고 나서야 세상에 밝혀졌다. 로맹 가리가 남긴 유서를 통해서였다.

달과 6펜스

서머싯 몸

찰스 스트릭랜드는 누구보다 근면하고 성실한 증권 중개인이다. 그러던 어느 날 아내와 자식들을 런던에 남겨 둔 채 오랜 꿈을 이루겠다며 돌연 파리로 떠나는데……

꼭 꿈과 현실 중 하나를
선택해야 할까?

꿈을 위해 가족을 버린 남자가 있다고?

***

마흔 살의 스트릭랜드는 증권 중개인으로, 남부러울 것 없는 안락한 가정을 꾸렸다. 그런데 17년 동안 한 번도 싸운 적 없는 아내와 자식들을 버리고 홀연히 파리로 떠난다. 그가 남긴 짤막한 편지에는 떠나는 이유도 적혀 있지 않았다. 《달과 6펜스》에는 극작가이자 화자인 '나'가 등장한다. 스트릭랜드의 아내는 '나'에게 파리로 가서 스트릭랜드가 어떤 여자와 함께 지내는지 알아봐 달라고 부탁한다. 그렇게 '나'는 스트릭랜드의 행방을 쫓아 파리로 향한다.

놀랍게도 스트릭랜드 곁에는 어떤 여자도 없다. 대신 그는 미친 듯이 그림을 그리고 있다. 스트릭랜드는 허름한 숙소에서 하루에 빵 한 조각과 우유 한 병만 먹으면서 여섯 달을 보냈을 정도로 생활이 궁핍하다. 그러나 그는 가난을 고생이라 여기지 않고 담담하게 받아들인다. 그를 아는 사람이라면 도저히 상상할 수 없는 행동이다. 예술에 모든 것을 걸기는커녕 예술이라고는 관심도 없을 것 같은 따분한 중년 남자였기 때문이다.

‘나’는 마흔에 그림을 시작해 봤자 삼류 이상은 못 된다며 그를 설득한다. 그러나 스트릭랜드는 단호하게 집으로 돌아가지 않겠다고 말한다. “나는 그림을 그려야 한다지 않소. 그리지 않고서는 못 배기겠단 말이오. 물에 빠진 사람에게 헤엄을 잘 치고 못치고가 문제겠소? 우선 헤어 나오는 게 중요하지. 그렇지 않으면 빠져 죽어요.” 스트릭랜드에게 런던과 파리는 정반대의 공간이다. 런던이 먹고살기 위해 어쩔 수 없이 일해야 하는 곳이라면 파리는 그림에만 몰두할 수 있는 곳이다.

그로부터 5년 후 ‘나’는 파리에서 살게 된다. 그곳에서 스트릭랜드의 이야기를 다시 듣는데, 한때 증권 중개인으로 살았던 과거의 모습은 흔적조차 찾을 수 없다고 한다. 그는 이제 누가 봐도 예술밖에 모르는 화가로 완벽히 거듭나 있었다. 허름한 방에서 오로지 그림에만 전념하지만, 그의 작품을 알아주는 사람이 없어서 늘 가난하다. 친구 더크가 쇠약해진 스트릭랜드를 물심양면으로 돕는다. 그러나 스트릭랜드는 자신을 간병해 준 더크의 아내와 불륜에 빠진다. 결국 더크 부인이 자살하면서 관계는 끝을 맺는다. 자신을 사랑한 여인이 목숨을 끊었는데도 스트릭랜드는 아무런 죄책감도 없었다.

소설 후반부는 타히티섬에서 벌어지는 이야기다. 스트릭랜드는 파리를 떠나 항구 도시 마르세유에서 잠시 노숙 생활을 하다가 배를 타고 타히티섬으로 가 그곳에 정착한다. 그는 아티라는 원주민과 살림을 차리고 원주민들이 살아가는 모습을 끊임없이 화폭에 담는다. 그러던 중 마지막 대작을 완성하기 위해 아티와 함께 마을을 떠나 더 깊은 오지로 들어간다. 그는 수풀이 빼곡히 우거진 오지에서 열심히 그림을 그린다. 작업 시간을 벌기 위해 그림 도구를 살 돈이 다 떨어질 때만 일한다. 자신에게 점심을 대접하거나 일거리를 주는 사람에게는 그림을 선물해 감사의 마음을 전한다.

스트릭랜드는 자신을 극한으로 밀어붙이다 결국 한센병에 걸린다. 병세가 나빠져 앞이 거의 보이지 않는 상태에서도 그리는 일을 멈추지 않는다. 종이가 아닌 오두막 벽과 천장에 창세기에 나오는 감동적인 장면들을 그린 후 숨을 거둔다. 스트릭랜드는 죽기 전에 자신이 그린 벽화를 태워 버리라는 유언을 남긴다. 그의 뜻에 따라 벽화는 결국 불타 사라진다. 그가 죽고 나서야 사람들은 찰스 스트릭랜드의 예술성에 감탄하며 그의 작품을 비싼 값에 산다.

달과 6펜스는 무엇을 의미할까?

***

책에는 달이나 6펜스에 관한 언급이 없다. 둘은 똑같이 둥글고 빛나지만 성질은 완전히 다르다. 제목의 뜻을 궁금해할 독자를 위해 작가는 편지에 이런 문장을 남겼다. "땅에 떨어진 6펜스를 찾다 보면 하늘에 뜬 달을 보지 못하는 법이다."

달과 6펜스는 인간이 추구하는 두 가지 목표를 상징한다. 달은 우리가 꿈꾸는 이상을, 6펜스는 돈, 가정, 안정 등 현실적인 목표를 나타낸다. 당시 영국의 화폐 체계는 6진법을 기반으로 했다. 따라

서 6펜스는 당시 쓰인 화폐 중에서 가치가 가장 낮은 돈이었다. 우리가 발 디딘 땅이 현실 세계라면 고개를 들어 쳐다보는 달은 현실 너머의 세계다. 제목의 은유를 풀어 보면 결국 '이상과 현실'의 대립이다. **스트릭랜드는 6펜스라는 현실 세계를 떠나서 달이라는 예술 세계로 나아가는 인물인 셈이다.**

인간은 닿을 수 없는 미지의 존재인 달을 동경하는 동시에 생계를 유지하기 위해 6펜스를 좇는다. 달과 6펜스를 모두 갖고 싶어 하지만 세상은 둘 다 갖기를 허락하지 않는다. 그래서 우리는 현실의 테두리 안에서 안정된 수입, 부모의 기대, 미래에 대한 불안 등을 이유로 자기가 진짜 원하는 것을 외면한다. 반면 스트릭랜드는 그림을 그리려고 모든 것을 버렸다. 직업과 재산, 가족과 친구 등 그야말로 몸뚱이를 제외한 모든 것을 말이다. 그는 다수가 추구하는 삶에서 벗어나 자신이 진짜 원하는 삶을 향해 발걸음을 돌렸다.

스트릭랜드가 물질적 가치를 버리고 정신적 가치를 추구했다는 점에서 그의 삶에는 분명 고결함이 있다. 그처럼 달을 좇으며 사는 것도 인생을 살아가는 하나의 방식이다. 그러나 스트릭랜드는 단지 돈을 좇는 삶만 거부한 것이 아니다. 그가 버린 6펜스의 세계에는 안락한 삶뿐만 아니라 사회가 요구하는 도덕과 규범, 관습이 포함되어 있다. 무엇보다 그는 아내와 자식들마저 버리고 자기 길을 택했다. 이처럼 예술이라는 달을 좇기 위해 사회적 규범을 저버릴 때 사람들은 이를 비난하기 쉽다.

스트릭랜드는 한결같이 당당하다. 아내를 무일푼으로 내버리는 법이 세상에 어디 있냐고 묻자 17년 동안이나 먹여 살렸으니 이젠 제 손으로 벌어먹으라고 대답한다. 세상이 당신을 개돼지 같다고 욕할 거라고 비난해도 그림 이외의 것에는 개의치 않는다고 답한다. 앞서 말했듯이 스트릭랜드는 자신을 물에 빠진 사람에 빗댄다. 생사의 기로에 선 사람에게 상식이나 양심을 운운해 봤자 아무런 쓸모가 없다.

안락한 환경에 뿌리내리지 않아도 삶이 가능할까? 보통 사람들은 나이가 들면 한곳에 정착하고 싶어 한다. 그곳은 안정된 삶을 위한 장소일 수도 있고, 누군가와 함께 사는 가정일 수도 있다. 반면 스트릭랜드는 문명을 떠나 오직 그림만 그릴 수 있는 외딴섬으로 향했다. 그래도 삶은 계속된다. 서부 영화에 종종 나오는 회전초라는 풀이 있다. 말라비틀어진 풀 뭉치는 바람에 이끌려 이리저리 굴러다닌다. 겉보기에는 죽은 것처럼 보이지만, 척박한 땅 위를 구르면서 어떻게든 영양분을 흡수해 생명을 이어 간다. 안락함을 포기한 스트릭랜드의 삶도 이와 다르지 않다.

부닥쳐 봐야 내가 어떤 사람인지 알 수 있다고?

***

하고 싶은 일이 뭐냐고 물어보면 없다고 대답하는 사람이 많다. 정말로 하고 싶은 일이 없는 경우도 있지만 꿈이 있어도 말하지 않는 사람도 꽤 된다. 꿈을 말하면 부모님이나 선생님이 비웃거나 핀잔을 줄 것 같아서 숨기는 것이다. 사실은 록 스타나 만화가가 되고 싶지만 부모님 반응이 두려워 꿈이 없다고 말하고 만다.

우리는 누구보다 자신을 잘 안다고 생각한다. 본인의 나이만큼 자신과 함께했을 테니 그렇게 생각할 수 있다. 하지만 과연 그럴까? 대부분의 사람은 자신이 조각을 잘하지 못한다고 생각한다. 안 해 봤기 때문이다. 그러나 '경험 없음'이 '못함'을 증명하는 건 아니다. 막상 해 보면 누구보다 잘할 수도 있다. 안 해 본 일이 많다는 것은 아직 내가 어떤 사람인지 잘 모른다는 뜻이다. 내가 누구인지 알려면 많은 일을 시도해 봐야 한다. 내가 재능이 있는지 없는지는 해 봐야 알 수 있다.

열정에는 두 가지가 있다. 하고픈 마음에 가슴이 불타오르듯 솟구치는 뜨거운 열정과 냉철한 이성이 이끄는 차분한 열정이다. 앞의 열정은 끓다 식는 냄비처럼 금세 사그라들기 쉽다. 하지만 차분한 열정은 뚝배기처럼 오래도록 뜨거운 힘을 간직한다. 우리가 지녀야 할 것은 바로 이 뚝배기 같은 열정이다. 그렇다면 나의 불끈거림이 쉽게 꺼지지 않을 열기인지 어떻게 알 수 있을까?

첫째, 좋아하는 일을 하기 위해서 때로는 하기 싫은 일도 견뎌야 한다. 열정이 진짜인지 가짜인지는 바로 그 순간에 드러난다. 잠깐의 흥미로 생긴 열정은 작은 장애물 앞에서도 쉽게 꺼진다. 하지만 진짜 열정은 불편함과 어려움마저 감당하려는 끈기로 이어진다. 하기 싫은 일을 견딜 수 없다면 그 열정은 뚝배기처럼 오래가는 열정이라 보기 어렵다.

둘째, 실패가 두렵지 않아야 한다. 실패는 누구나 두렵다. 그러나 우리가 넘어지는 것을 끝까지 두려워했다면 끝내 두 발로 걷지 못했을 것이다. 자전거를 배울 때도 마찬가지다. 넘어질 것을 각오하고 힘차게 바퀴를 굴려야 탈 수 있다. 그러니 뚝배기 같은 열정이라면 실패하더라도 거듭 도전할 용기를 내야 한다.

열정은 두 겹의 껍질로 이루어져 있다. 첫 번째 껍질이 하고 싶은 일을 하며 살겠다는 각오라면, 두 번째 껍질은 그 일을 하기 위해 겪어야 할 온갖 어려움까지 기꺼이 받아들이겠다는 자세다. 만화를 좋아하는 사람은 많지만 만화가로서 거쳐야 할 무명의 서러움까지 기꺼이 짊어지기는 쉽지 않다.

20세기를 대표하는 밴드 비틀스도 첫 음반은 크게 성공하지 못했다. 1963년에 발표한 앨범 〈플리즈 플리즈 미〉가 인기를 끌기 전까지는 밤무대에서 노래하는 이름 없는 밴드였다. 빈센트 반 고흐는 평생 900점에 가까운 작품을 남겼지만 살아생전 판매된 그림은 딱 한 점뿐이었다.

우리는 특별한 재능이 있어야 꿈을 이룰 수 있다고 생각한다. 그러나 진짜 재능은 포기하지 않고 끝까지 하는 힘이다. 물은 100도에서 끓는다. 그전까지는 큰 변화가 없어서 100도가 되기 전에 냄비를 걷어차는 사람이 많다. 괴테는 20대에 《파우스트》를 쓰기 시작해 60년에 걸쳐 완성했다. 아인슈타인도 학교 다닐 때는 학습 부진아 취급을 받았지만 오랫동안 특허국 심사관으로 근무하며 자신의 이론을 발전시켰다.

꿈을 향한 열정을 오래 유지하는 일은 무척 어렵다. 마음속에 걸림돌이 생기고, 생계를 해결해야 하는 현실의 무게가 따라붙는다. 처음에 굳건했던 의지도 시간이 흐르며 조금씩 약해지기 마련이다. 결국 냄비처럼 쉽게 끓고 쉽게 식는 열정만으로는 그럴듯한 인생을 흉내 내는 데 그칠 뿐이다. 내가 진정으로 바라는 삶을 살기 위해서는 꿈이 있어야 한다. 그리고 그 꿈을 끝까지 붙잡으려는 뚝배기 같은 열정이 필요하다. 진짜 삶은 자기만의 꿈을 향해 걸어갈 때 비로소 시작된다.

하고 싶은 일을 하며 살기 위해서는 용기가 필요하다. "네 꿈은 비현실적이야" "현실을 몰라서 그런 꿈을 꾸는 거야" 같은 말

은 종종 우리의 열정을 꺾는다. 특히 예술 같은 불확실한 길을 택하려 할 때 주변 사람들은 안정적이지 않다는 이유로 현실적인 선택을 강요한다. 신화학자 조지프 캠벨은 《신화와 인생》에서 "다른 사람들은 여러분에게 강요할 갖가지 계획을 갖고 있다. 여러분이 원하는 일을 하기를 원하는 사람은 세상에 하나도 없다"라고 말했다. 삶을 지속하기 위해서는 안전도 중요하지만, 삶의 가장 큰 가치가 안전이 되어서는 안 된다. 소설가 파울로 코엘료가 《순례자》에서 "배는 항구에 있을 때 가장 안전하지만, 배는 항구에 머물기 위해 만들어진 게 아닙니다"라고 말한 것처럼 말이다.

꿈과 현실은 양자택일 관계일까?

*****

꿈은 명사일까 아니면 동사일까? 꿈을 직업으로 한정하면 명사가 되겠지만, 삶에서 계속 추구할 대상으로 여기면 동사가 된다. 꿈을 명사, 즉 직업으로 이해하면 삶이 삭막해지기 쉽다. 직업을 얻는 순간 더는 꿈꿀 필요도, 설렐 일도 없기 때문이다. 반면 꿈을 동사, 즉 끊임없이 지향하며 성장하는 과정으로 이해하면 삶은 새로운 가능성과 도전으로 가득 찬다. **꿈을 명사로 여기는 사람은 목표를 이루는 순간 멈춰 서지만, 꿈을 동사로 여기는 사람은 '더 나은 나'를 향해 끊임없이 나아간다. 따라서 꿈을 동사로 여기는 삶은 더 풍요롭고 역동적이다.**

스트릭랜드는 그림을 그리고 싶다고 할 뿐 화가가 되고 싶다는 말은 하지 않았다. 그림을 그리는 일과 화가가 되는 일은 어떻게 다를까? 직업에는 필연적으로 규율과 속박이 따르게 마련이다. 화가가 되고 싶었다면 파리의 초라한 뒷골목이 아니라 대학에 가서 미술을 배우거나 미술품 중개인과 교류하며 인맥을 쌓았을 것이다. 그러나 그는 화가가 되고 싶은 게 아니라 그림을 그리고 싶었기에 그렇게 하지 않았다.

꿈과 현실은 꼭 양자택일 관계일까? 꿈을 좇으려면 현실을 포기해야만 하고 현실을 살려면 꿈을 희생해야만 할까? 꿈과 현실을 함께 추구할 수는 없을까? 두 마리 토끼를 잡는 일은 무척 어렵다. 6펜스로는 달을 살 수 없고, 달을 보며 걸으면 땅에 떨어진 6펜스를 줍지 못한다. 그러나 손에 6펜스를 쥐고 달을 보는 삶도 가능하지 않을까? 《자기 앞의 생》에서 하밀 할아버지가 "완전히 희거나 검은 것은 없다"라고 말한 것처럼 꿈과 현실이 꼭 양자택일 관계여야 한다는 법은 없다. 살다 보면 꿈을 펼치다가도 현실과 타협해야 하는 순간이 오기 마련이다. 마찬가지로 현실을 살면서도 꿈을 포기하지 않고 되새기며 사는 사람도 많다.

중요한 것은 현실에 꺾이지 않고 꿈을 향해 나아가는 끈기다. 프란츠 카프카는 산재 보험청에서 일하며 생계를 유지했지만 글쓰기를 포기하지 않았다. 그는 가족들이 모두 잠든 밤에도 책상에 앉아 글을 써 내려갔다. 《아동의 탄생》으로 잘 알려진 역사가 필리프 아리에스는 자신을 '일요일의 역사가'라고 불렀다. 주중에는 출판사에서 일하며 생계를 유지했고 주말에는 역사 연구에 매진했다. 카프카도 아리에스도 세상이 요구하는 삶에서 완전히 벗어나지는 못했지만 현실과 이상을 오가며 자기만의 길을 갔다.

독일 막스플랑크연구소의 잔 소우만 박사 팀은 사람들을 사막한가운데에 떨어뜨리고 길을 찾아보게 하는 실험을 진행했다. 실험 참가자들은 해나 달이 보일 때는 똑바로 걸으며 방향을 유지했지만 구름이 해나 달을 가리면 방향 감각을 상실했다. 그들은

실제로 원을 그리며 걸으면서도 자신이 똑바로 걷는다고 착각했다. 해나 달을 보고 걸으면 사막에서도 방향을 잃지 않듯 꿈이 있어야 흔들리지 않고 나아갈 수 있다.

폴 고갱과 스트릭랜드

소설가가 된 의사

서머싯 몸은 어린 나이에 폐결핵에 걸려 요양하다 프랑스 문학에 빠졌다. 작가를 꿈꿨지만 의대에 진학해 의사 면허를 취득했다. 의사가 된 뒤에도 작가의 꿈을 놓지 못하고 계속 글을 썼다. 산부인과 의사 경험을 살린 첫 작품 《램버스의 라이저》가 큰 인기를 끌자 자신감을 얻고 의사 일을 과감히 그만뒀다.

스트릭랜드의 모티브가 된 인물

찰스 스트릭랜드는 프랑스 화가 폴 고갱의 삶을 바탕으로 탄생한 인물이다. 소설이 큰 성공을 거두면서 독자들은 실제 모델인 고갱에게 관심을 갖기 시작했고, 그러면서 사후에 널리 알려졌다.

고갱은 서른다섯 살에 전업 화가가 되기로 결심했다. 그러나 현실은 냉혹했다. 작품이 팔리지 않아 생활고에 시달리면서도 예술에 대한 열정을 놓지 않았다. 마흔세 살에 가족을 두고 남태평양 타히티섬으로 향했다. 처음에는 중심지 파페에테에서 지냈지만, 유럽화된 모습에 실망하여 외딴 오지로 거처를 옮겼다. 그곳에서 타히티 여성을 아내로 맞고 그림에 몰두했다. 그의 표현에 의하면 "시간의 흐름도 잊고, 선과 악도 의식하지 않으며, 다만 아름다움 속에서" 작업에 열중했다.

고갱은 죽은 뒤에야 비로소 예술가로 인정받았다. 생전 그의 작품은 고작 100프랑 정도에 거래되었지만, 그가 세상을 떠난 지 86년이 지난 1989년 〈백합 사이에〉라는 작품이 소더비 경매에서 1천만 달러(한화 약 138억 원)에 팔렸다.

고갱과 고흐가 남긴 해바라기

〈별이 빛나는 밤〉으로 유명한 빈센트 반 고흐 역시 사후에야 명성을 얻었다. 고흐는 그림이 팔리지 않아 죽을 때 작품을 가장 많이 소유한 화가다. 생전에 판매된 작품은 〈아를의 붉은 포도밭〉이 유일하다.

고갱과 고흐는 남프랑스 아를에서 생활하며 작업했다. 고흐의 대표작 〈해바라기〉는 고갱과 함께 쓰는 작업실에 걸어 두려고 그린 그림이다. 고갱은 〈해바라기를 그리는 고흐〉를 통해 작업에 몰두한 고흐의 모습을 세상에 남겼다.

두 사람은 함께 지내는 동안 자주 다퉜다. 고갱은 고흐의 그림을 보고 이렇게 소리쳤다. "제기랄, 온통 노랑이야!" 고갱이 떠나려 하자 고흐는 자기 귀를 자르겠다며 협박했다. 고갱이 떠난 후 고흐는 결국 한쪽 귀를 잘랐다. 말년을 타히티에서 보낸 고갱은 먼저 세상을 떠난 친구를 추억했다. 그토록 싫어했던 해바라기를 오두막에 심으면서.

공부
수레바퀴 아래서
헤르만 헤세

어릴 적부터 영특했던 한스 기벤라트는 마을에서 유일하게 신학교 시험에 응시한다. 시험 준비에 매달리느라 몸과 마음이 모두 지친 한스와 달리 어른들의 기대는 커져만 가는데……

공부는 언제쯤 재미있어질까?

죽도록 공부만 하는 게 맞을까?

***

한스는 마을에서 유일하게 신학교 시험에 응시할 정도로 수재(秀才)다. 당시 가난한 집안에서 태어난 재능 있는 학생들은 대부분 신학교에 들어갔다. 신학교를 졸업하면 목사나 교사가 될 수 있었다. 부모는 자식이 성공하기를 바란다. 돈을 많이 벌고 이름을 알려 권세를 누렸으면 한다. 그래서 자식이 하고 싶은 일을 하기보다 사회적으로 인정받는 직업을 갖기를 소망한다. 그것이 행복의 지름길이라고 믿기 때문이다. 그런 부모를 보면서 자란 자식은 부모의 기대에 부응하고 싶어 한다. 한스도 예외가 아니었다.

그러나 한스의 생활은 지옥 같다. 친구들과 노는 것도, 좋아하는 낚시도 못 하고 입학시험 준비에 몰두하느라 몸도 마음도 지쳤다. 학교 수업이 끝나면 교장 선생님 집에서 그리스어 보충 수업을 듣고 6시에는 목사님과 라틴어와 종교 과목을 복습한다. 오로지 시험 합격을 목표로 하는 생활이다. 토끼에게 통나무집을 만들어 주고 물레바퀴를 가지고 놀던 즐거움은 먼 옛날 일이다.

한스는 죽어라 공부에 매달린다. 산책하면서도 오로지 공부 생각뿐이다. 그가 그토록 공부에 매달리는 이유는 자기 내면에서 우러난 것이 아니다. 남들의 기대에 부응하려는 마음과 뒤틀린 욕망이 그를 부추겼을 뿐이다. 한스는 어른들이 심어 준 경쟁심과 우월감에 사로잡혀 동급생들을 제치고 가장 높은 자리에 서겠다는 욕망에 빠진다. 자신을 "볼이 통통하고 온순한 학교 친구들과는 다른 훌륭한 인물"이라고 생각하며 "언젠가 아득히 높은 곳에서 그들을 내려다보리라는" 예감에 사로잡히기도 한다.

구둣방 아저씨 플라이크는 한스를 진심으로 걱정하는 유일한 인물이다. 플라이크는 다른 어른들과 달리 한스를 있는 그대로 바라보며 내면을 들여다본다. 매일 공부만 하느라 팔다리가 앙상해진 한스에게 산책이나 운동도 하고 충분히 쉬라고 조언한다. 각자의 영혼에는 자신만의 길이 있으니 시험에 지나치게 얽매이지 말라고 한다. 그러나 우월감에 빠진 한스는 교장 선생님이나 목사님보다 사회적 지위가 낮은 구둣방 아저씨의 말에 귀 기울이지 않는다.

시험을 보러 가기 전, 한스는 지칠 대로 지쳐 울고 싶은 심정이었다. 그는 소리 내 우는 대신 야윈 팔로 도끼를 들고나와 토끼집을 부순다. 어린 시절에 대한 향수를 전부 없애려는 듯이 말이다. 한스는 결국 시험에 2등으로 합격해 마을의 자랑이 된다. 시험이 끝난 뒤에도 그는 신학교 입학 전까지 목사님과 교장 선생님에게 선행 학습을 받느라 한시도 쉬지 못한다.

학교(school)의 어원은 '한가함'이다. 영어 school이나 프랑스어 école은 그리스어 schole에서 왔는데, 이는 '여가' '한가한 시간' '한가함을 누리는 것' 등을 의미한다. 그러니까 school은 '사색을 누릴 수 있는 시간적 여유'라는 의미에서 학교를 가리키는 말이 됐다. 그렇게 본다면 한스의 학교생활은 잘못돼도 한참 잘못된 게 아닐까?

"아무튼 지치지 않도록 해야 하네. 그렇지 않으면 수레바퀴 아래 깔리게 될지도 모르니까." 교장 선생님이 한스에게 한 말이다. 수레바퀴는 사회가 부추기는 끝없는 경쟁으로 이해할 수 있다. 초·중·고등학교를 졸업해도 수레바퀴는 멈추지 않는다. 내신과 수능 점수에 시달리다 대학에 입학해도 학점과 영어 같은 스펙 경쟁을 해야 한다. 심지어 봉사 활동마저 점수가 된다. 삶이 계속되는 한, 수레바퀴는 멈추지 않고 굴러간다. 조금만 방심해도 수

레바퀴 아래에 깔리고 만다. 사람들은 깔리지 않으려고 끊임없이
내달린다.

나한테 희망을 걸었다고?

***

마주침은 사건이다. 사건이 없다면 인생은 관성대로 흘러가기
마련이다. 한스는 신학교의 권위적인 분위기에 숨 막혀 하면서도
질서에 순응하며 지낸다. 그러다 예술가 기질이 다분한 친구 하
일너를 만나 새로운 세계에 눈을 뜬다. 한스는 하일너를 통해 경

쟁이 전부인 세계와는 전혀 다른 세계를 경험한다. 공부가 인생의 전부라고 믿었던 그의 삶은 흔들리기 시작한다.

하일너는 부유한 집안 출신이다. 활기가 넘치며 입학 첫날부터 빼어난 말솜씨와 작문 실력을 보여 준다. 무엇보다 자신의 앞날을 스스로 모색하는 아이다. 하일너는 획일적이고 강압적인 제도에 강하게 저항하며 한스에게 이렇게 말한다. "넌 네가 하고 싶어서 하는 게 아니잖니. 그저 선생님과 부모님이 두려운 거겠지. 아니, 1등을 하든 2등을 하든, 그게 도대체 너와 무슨 상관이란 말이니? 그래, 난 겨우 20등이야. 그렇다고 너희 공붓벌레들보다 어리석진 않다고."

두 사람이 가까워질수록 한스는 학교에서 멀어진다. 사람들은 모범생 한스와 문제아 하일너의 관계를 이해하지 못한다. 주변 시선에도 아랑곳하지 않고 깊은 우정을 쌓아 가던 어느 날, 하일너가 급우에게 주먹을 휘둘러 징계를 받는다. 한스는 따가운 시선과 비난을 감내할 용기가 없어 하일너의 편에 서지 않고 다른 아이들처럼 거리를 둔다. 이후 한스가 하일너에게 사과하면서 둘 사이는 다시 가까워진다. 어느덧 한스는 공부보다 하일너와의 관계에 더 몰두한다.

하일너는 교장 선생님에게 맞서다 결국 퇴학당한다. 유일한 숨구멍이었던 하일너가 퇴학당하자 한스는 더 이상 학교생활을 이어 가지 못하고 신경 쇠약에 걸려 학교를 떠난다. 고향으로 돌아온 한스를 기다리는 것은 냉대와 조롱뿐이다. 아무도 한스의 고통을 이해해 주지 않는다. 아버지를 비롯해 목사님과 교장 선생님, 과거에 호의를 베풀어 주던 마을 사람들 모두 한스를 무시하고 비웃는다.

인생의 목표가 있었지만 스스로 선택한 것은 아니었다. 모범생 시절에 한 공부, 친구와 나눈 우정, 고향에 돌아와 아버지의 권유로 시작한 기계공 일 중에서 어느 하나 자기 것으로 만들지 못했다. 진로를 스스로 선택할 기회도, 하고 싶은 일이 무엇인지 생각할 시간도 없었다. 헤르만 헤세의 다른 작품 《데미안》에는 "내 속에서 솟아 나오려는 것, 바로 그것을 나는 살아보려고 했다. 왜 그것이 그토록 어려웠을까"라는 문장이 나온다. 그러나 한스는 자신으로 살려는 시도조차 하지 못했다.

한스를 둘러싼 현실은 내면의 목소리에 귀 기울이는 삶을 방해한다. 자신이 누구인지 탐색하고 그에 따라 살고자 하는 시도조차 어렵다. 대표적인 방해자는 아버지다. 한스는 아버지에게 모두가 네게 희망을 걸고 있으니 끝까지 최선을 다해야 한다는 말을 들으며 자랐다. 이런 모습은 오늘날에도 흔히 볼 수 있다. 부모는 자신의 기준에 맞춰 자식을 억지로 공부시킨다. 자녀는 글을 쓰고 싶어 하지만, 부모는 의사가 되어야 한다며 의대에 가라고 한다. 아이의 행복을 위해서라고 말하지만 그건 부모가 정의한 행복일 뿐이다. 부모가 요구하는 대로 살다 보면 자신이 원하는 삶이 아니라 다른 사람의 기대에 부응하는 삶을 살게 된다. 부모를 실망시키고 싶지 않은 마음이 너무 크면 내 삶에서 정작 내가 설 자리가 없어진다.

〈죽은 시인의 사회〉라는 영화가 있다. 자식은 부모의 기대에 맞춰 기계처럼 공부하고, 부모는 자녀를 의사나 법률가로 키우기 위해 인맥을 총 동원하고 경제적 지원을 아끼지 않는다. 그러나 갓 부임한 삼십 대 초반의 키팅 선생은 자신의 진로를 스스로 결정해야 한다고 강조한다. 그는 사회적으로 성공하는 것보다 자신의 꿈을 발견하는 것이 더 중요하다고 가르친다.

행복의 정의는 자신이 직접 내려야 한다. 행복을 찾는 일은 부모

 우리는 사회가 제시하는 행복을 무작정 추구한다. 《마담 보바리》 편에서 자세히 다루겠지만, 인간은 타인의 욕망을 따라서 욕망한다. 나의 행복과 별개로 타인의 기대와 사회의 요구에 맞춰 살려고 애쓴다. 그러나 남에게 내 꿈과 욕망을 맡기는 순간 삶의 주권을 빼앗긴다.

강물에 휩쓸려 죽은 한스는 사회가 강요하는 성공적인 삶에 떠밀린 청춘을 나타낸다. 인생이 수레라면 수레에 무엇을 실을지는 본인이 정해야 한다. 수레에 끌려가는 삶이 아니라 수레를 끌고 가는 주체적인 삶을 살아야 한다. 거듭 강조하지만 내 꿈을 타인이 대신 꾸도록 내버려두지 말자. 세상을 보는 시선도, 삶의 방향도 남이 아니라 내가 정해야 한다.

경쟁이 공부에 도움이 될까?

***

한스는 좁은 방에서 "피곤과 졸음, 두통과 싸우며 시저와 크세노폰, 문법과 사전, 그리고 수학 숙제와 씨름하며 기나긴 저녁나절을" 보낸다. 제대로 쉬지도 못한 채 하루하루 쫓기듯 생활한다. 온통 그리스어와 라틴어, 문법과 문체론, 산수와 암기 등에 매인 생활이다. 과목만 바꾸면 대입 시험을 앞둔 한국 수험생과 크게 다르지 않다.

한국은 OECD에서 시행하는 국제 학업 성취도 평가(PISA)에서 매년 상위권에 오른다. 특히 수학 성적은 세계 최고 수준이다. 그러나 수학을 좋아하는 학생은 찾아보기 어렵다. 과학 성적도 세계 1위인데, 과학에 자신감이 있는 학생 비율은 최하위다. 자신의 성장과 행복을 위해서가 아니라 그저 남을 이기기 위해, 경쟁에서 밀리지 않기 위해 공부하다 보니 재미있을 리가 없다.

시인이자 영화감독인 유하는 〈학교에서 배운 것〉이라는 시에서 학창 시절을 돌아보며 시기와 질투를 키우는 법, 다른 이와 나를 비교하는 법을 학교에서 배웠다고 말한다. 대학 입시에는 고등학교 성적이 반영된다. 학생들의 점수를 비교하고 줄 세워 내신 등급을 매긴다. 좋은 등급을 받으려면 남보다 높은 점수를 받아야 한다. 친구와 경쟁해야 하는 상황에서는 나의 성장보다 남보다 잘하는 것이 더 중요하다.

내신 경쟁은 이른 시기부터 시작된다. 공식적으로 중학교 성적표는 등수를 표기하지 못한다. 그러나 담임 선생님이 연필로 등수를 적거나 등수가 표기된 별도의 종이를 함께 주는 경우도 많다. 게다가 과목 평균과 표준 편차가 표기되기 때문에 전교 등수를 가늠할 수 있다. 이처럼 내신과 입시 경쟁 속에서 살아남기 위한 공부는 즐거운 배움일 수 없다.

미국의 어느 학교에 인디언 아이들이 전학 왔다. 시험을 치르는 날 미국 아이들은 필기도구를 꺼낸 후 옆 친구가 자신의 답안지를 보지 못하도록 책상 가운데에 책가방으로 담을 쌓았다. 그런데 인디언 아이들은 책상을 돌려 둥그렇게 모여 앉았다. 교사가 왜 시험 볼 준비를 하지 않느냐고 묻자 한 인디언 아이가 답했다. "선생님, 저희는 예전부터 어려운 문제가 있으면 서로 도와 가며 해결해야 한다고 배웠어요."

친구와 협력해 시험 문제를 풀고, 성적으로 등수를 매기지 않는 나라가 있다. 3년마다 이루어지는 국제 학업 성취도 평가에서 2009년, 2012년, 2015년 세 차례 1위를 차지한 핀란드다. 2012년 발표된 보고서에 따르면 한국 학생들의 사교육 참여 시간은 주당 평균 3.6시간이지만 핀란드는 주당 6분에 불과하다. 사교육 참여 시간이 현저히 적은데도 핀란드는 어떻게 국제 학업 성취도 평가에서 1위를 했을까? 비결은 협동에 있다. 경쟁과 시험을 중심으로 교육하지 않고 협동을 바탕으로 재미있게 교육한 덕분이다.

그렇다면 경쟁 위주의 공부와 협력 위주의 공부 중에서 무엇이 창의력을 더 키워 줄까? **공부의 핵심은 경쟁이 아닌 협력이다.** 미국의 교육심리학자 알피 콘은 《경쟁에 반대한다》에서 협력이 경쟁보다 더 생산적이라는 사실을 보여 주는 수많은 연구를 소개한다. 알피 콘은 성과를 양적으로 측정하든 질적으로 측정하든 언제나 경쟁보다 협력이 더 생산적이라고 힘주어 말한다. 경쟁과 협력의 성과를 연구한 122건의 사례 중에서 경쟁이 협력보다 더 생산적인 경우는 8건뿐이었다.

공부는 왜 해야 할까?

***

공부의 목적이 오직 좋은 성적과 좋은 대학, 좋은 직장이라면 학교에 갈 필요가 없을지도 모른다. 그런 공부라면 학원에서도 충분히 잘할 수 있기 때문이다.

한국은 공부가 곧 시험인 나라다. 안타깝게도 입시와 공부를 동의어처럼 사용한다. 공부하며 무엇을 배우고 느꼈는지는 전혀 중요하지 않다. 오로지 점수와 합격 여부만 중요하다. 그러다 보니 시험을 보면 무엇을 틀렸는지보다 몇 문제를 틀렸는지에 더 관심이 많다. 시험을 봐도 남는 게 별로 없는 까닭이다.

경쟁이 목적이 되면 숫자로 환산되는 점수와 등수가 가장 중요해진다. 숫자만 남는 공부는 진짜 공부가 아니다. 입시가 중요하지 않다는 게 아니다. 점수나 합격 여부만을 위해 공부해서는 안 된다는 말이다. 왜 하는지도 모른 채 오직 해야만 한다는 생각으로 공부하는 사람은 수레바퀴에 깔릴까 봐 맹목적으로 내달릴 뿐이다.

학교를 다니는 이유가 오로지 경쟁하기 위해서일까? 경쟁보다 더 중요한 의미가 있지 않을까? 독일은 다른 학생에게서 질문할 기회를 빼앗는다는 이유로 선행 학습을 법으로 금지했다. 대신 수영 인명 구조 자격증과 자전거 면허증을 꼭 따야 한다. 국제 학업 성취도 평가에서 독일 학생들의 성적은 중하위권이지만 국가 경쟁력은 정상을 다툰다. 독일의 교육 목표는 경쟁이 아닌 행복한 삶이다. 마찬가지로 핀란드도 학교를 좋은 시민으로 성장하기 위해 교양을 쌓는 기관으로 여긴다.

공부는 자신을 발견하고 미래를 찾아가는 여정이다. 공부를 통해 적성과 재능을 탐색하고, 소통 능력과 사고력을 길러야 한다. 사고력이란 자기 머리로 생각하는 능력이다. 단순히 선생님 말만 받아 적어서는 자기 생각을 키울 수 없다. 필기보다 훨씬 중요한 것이 바로 질문이다. 진정한 공부는 질문에서 시작된다. 학문(學問)은 배우고(學) 묻는(問) 과정이다. 제대로 배우려면 궁금한 문제를 찾아 질문해야 한다.

사람들은 공부에 때가 있다고 말한다. 특정한 시기에 목표를 이루려고 하는 공부는 적당한 때가 있을 수도 있지만, 진짜 공부

에는 때가 없다. **재미있어서 하는 공부, 알고 싶어서 하는 공부, 더 나은 사람이 되려고 하는 공부가 진짜 공부다. 세상을 배우고 나를 알아 가는 공부는 평생 해야 한다.** 점수나 합격 여부에 집착하면 공부가 지겨울 수밖에 없다. 하지만 호기심에서 스스로 시작한 공부는 의무가 아닌 즐거운 활동이 된다.

삶의 의미를 찾아 방랑한 작가

한스와 닮은 헤세의 청소년기

"이 아이는 제가 감당할 수 없을 정도의 지력과 굳은 의지를 가졌어요." 헤르만 헤세의 어머니가 한 말이다. 어릴 때부터 글쓰기에 남다른 재능을 보인 헤세는 시인이 되고 싶었지만, 아들이 성직자가 되길 바랐던 부모는 헤세를 신학교에 보냈다.

 자유로운 성향을 지닌 헤세는 엄격한 규율을 강요하는 신학교 생활을 버티지 못했다. 당시 교사들은 헤세가 고집이 세며 에너지가 넘쳐 다루기 힘들었다고 증언했다. 학교생활에 적응하지 못한 헤세는 무단결석으로 문제를 일으키다 결국 자살을 시도하기에 이르렀다.

한스는 헤세의 청소년기를 투영한 인물이다. 헤세는 학교를 그만두고 시계 공장에서 일했다. 고향에 돌아온 한스처럼 매일 선반 앞에서 금속을 자르고 인두질을 했다. 다만 술에 취해 주검으로 발견된 한스와 달리 고단했던 시절을 문학으로 승화했다.

방황은 나의 원동력

방황하고 흔들렸던 그 시간이 헤세를 키운 밑거름이 되었다. 헤세는 당시를 이렇게 회고했다. "공포와 증오로 가득 찬 시간이 나를 작가로 만들어 주었다. 미친 듯한 질풍노도의 시절은 다행히도 무사히 지나갔다."

그는 작가가 되는 것 외에는 다른 길을 생각해 본 적이 없었다. "시인 말고는 아무것도 되고 싶지 않다"며 마음껏 책을 읽고 글을 쓰는 데 몰두했다. 첫 시집 《낭만적인 노래》(1899)가 시인 릴케의 인정을 받으며 문단의 주목을 끌었다. 젊은 날의 고통과 방황을 지나 그는 자전적 소설 《페터 카멘친트》(1904)를 출간하면서 본격적으로 작가의 길에 들어섰다. 이어 1906년에는 신학교 시절의 경험을 바탕으로 《수레바퀴 아래서》를 발표하면서 작가로서 입지를 다졌다.

전쟁보다 고귀한 삶

1차 세계 대전 때 입대를 자원했던 그는 전쟁의 참혹함을 목격하면서 반전(反戰)주의자로 변모했다. 전쟁이 한창이던 1914년 그는 〈벗들이여, 이제 그만!〉이라는 호소문을 발표했다. 그는 지식인의 편협한 국수주의와 맹목적인 애국주의를 비판하며 이러한 메시지를 전했다. "사랑은 증오보다, 이해는 분노보다, 평화는 전쟁보다 훨씬 고귀하다."
독일 언론은 헤세를 공격했고 문단에서도 비판이 쏟아졌다. 그럴수록 헤세는 더욱 단호한 반전주의자가 되었고, 결국 전쟁을 반대한다는 이유로 조국 독일에서 더는 글을 쓸 수 없게 되었다.

욕망
마담 보바리
귀스타브 플로베르

엠마는 낭만적인 결혼 생활을 꿈꾸지만 평범하고 소박한 남편 샤를과
의 결혼 생활은 지루하고 답답하다. 그러다 후작의 초대를 받아 무도
회에 참석한 후 화려한 사교계에 사로잡히는데……

내가 진짜 바라는 삶은 무엇일까?

엠마에게 사랑은 무엇이었을까?

****

프랑스 루앙 근교에 사는 시골 농부의 딸 엠마 루오는 부인과 사별한 의사 샤를 보바리와 결혼해 엠마 보바리가 된다. 엠마는 모든 것이 통하는 남자와 첫눈에 반해 결혼하길 바랐다. "옷자락이 긴 검은 벨벳 옷을 입고 우아한 장화에 끝이 뾰족한 모자와 소맷부리에 장식을 단 남편과 함께 스위스 산장 발코니나 스코틀랜드의 산골집"에서 애수를 달래는 삶을 꿈꾼다. 샤를과 꾸려 나갈 결혼 생활도 낭만적인 공상으로 가득 차 있었다. 소설을 읽으며 꿈꿔 온 삶이 현실에서도 이루어지길 기대했다.

사랑해서 결혼했다고 믿었지만 결혼 생활은 행복하지 않았다.

샤를은 일정한 시간에 출근하고 같은 시각에 잠들며 동일한 방식으로 그녀를 안는다. 소심하고 둔감한 샤를은 평범한 일상에 머무르며 소시민적 삶에 만족한다. 반면 엠마는 일상을 벗어나고 싶어 한다. 샤를은 엠마가 좋아하는 연극, 음악, 문학 그 어떤 것에도 관심이 없고 무덤덤했다. 엠마가 사랑을 노래한 시를 낭송하고 아름다운 음악을 들려주어도 별 반응이 없다.

엠마는 점점 지쳐 간다. 엠마가 기대한 결혼 상대는 "모르는 것이 없고, 여러 가지 재주에 능하고, 정열의 위력, 세련된 생활, 온갖 신비들로 인도해 주는 능력"을 지닌 사람이었다. 샤를은 무엇 하나 아는 것도 없고, 무엇 하나 바라는 것도 없었다. 결국 권태가 그녀의 마음속에 소리 없이 거미줄을 친다.

엠마는 권태로움을 느끼며 더더욱 열정적인 사랑을 꿈꾼다. 그러나 현실은 그대로다. 후회와 갈망 사이에서 갈등할수록 변덕과 신경질만 심해진다. 둔감한 남편은 아내의 불만과 욕망을 전혀 알아채지 못한다. 그저 집 분위기를 바꿔 주겠다며 이웃 마을로 이사를 결심할 따름이다. 엠마는 그곳에서 금발 청년 레옹과 바람둥이 로돌프를 만나 불륜을 저지른다. 로돌프의 정부(情婦)가 됐고, 나중에는 레옹을 정부(情夫)로 뒀다.

엠마는 레옹의 뜨거운 시선을 받자 상태가 나아진다. 레옹은 감수성이 예민하고 문학, 음악, 미술, 연극에 관심이 많아서 말이

통했다. 엠마와 레옹은 많은 대화를 나눴지만 둘 다 연애에 서툴러 마음을 전달할 방법을 몰랐다. 레옹은 내성적이고 소심하며 조심성이 많아서 엠마에게 자신의 감정을 고백하지 못했다. 레옹이 도시로 떠나면서 관계는 끝이 난다.

이후 엠마는 로돌프를 만나 불륜에 빠진다. 수족관에 갇힌 돌고래가 바다를 그리워하듯 사랑을 갈망하며 특별한 사건이 일어나기만을 기다린다. 언제든 유혹에 굴복할 준비가 되어 있었던 셈이다. 엠마는 소설책을 읽으면서 키운 환상을 로돌프에게 투영한다. 로돌프는 준수한 외모와 세련된 패션을 겸비한 인물이다. 엠마를 처음 본 순간부터 흥미를 느꼈지만 사랑은 아니었다. 몇 마디 달콤한 말을 해 주면 금방 넘어오리라고 자신하면서 처음부터 "나중에 어떻게 떼어 버리지?"라고 생각했을 정도다.

그들은 엠마를 사랑하지 않았다. 그저 가지고 놀고 농락했을 따름이다. 빚더미에 앉아 파산 직전인 엠마가 돈을 빌려 달라고 부탁하자 로돌프는 딱 잘라 거절한다. 순수해 보였던 레옹도 마찬가지다. 돈 얘기를 꺼내자 핑계를 대며 엠마를 떠난다. 그리고 얼마 지나지 않아 다른 여자와 결혼한다. 로돌프는 이기적이고 교활한 바람둥이였고, 레옹은 나약하고 소심한 사내였다.

외모를 치장하는 데 막대한 돈을 쓴 엠마는 눈덩이처럼 불어난 빚에 시달리다 독약을 먹고 생을 마감한다. 감당하기 힘든 빚,

돈을 빌리러 다니며 느낀 자괴감, 비열한 옛 애인들에 대한 실망이 자살의 이유는 아니다. **엠마는 사랑할 때 상대에게 자신이 가진 모든 것을 기꺼이 내주었다. 그리고 사랑하는 이에게서 자기 존재 이유를 찾았다.** 그러나 빚에 몰려 도움을 청하자 모두 엠마를 외면한다. 엠마는 자신이 한 사랑이 모두 불완전했다는 고통스러운 진실과 마주한다. 진실을 깨닫는 순간, 그녀는 뿌리 뽑힌 나무처럼 크게 휘청거린다.

욕망은 만족을 모른다고?

***

만약 신문에 엠마 보바리에 대한 기사가 실린다면 헤드라인은 '쇼핑 중독에 빠진 불륜녀, 신용 사기 후 독약을 삼키다' 정도가 될 것이다. 엠마는 독약을 삼킨 후 추한 모습으로 고통스럽게 죽어 갔다. 수도원에서 자란 엠마는 주로 발자크와 조르주 상드의 소설을 읽으며 시간을 보냈다. 엠마는 자신의 욕망을 공상으로 충족했다. 무엇이 그녀를 비극으로 몰고 갔을까? 소설을 읽으며 부풀어진 몽상과 허영이 아니었을까?

'소설 같은 삶'을 꿈꾸는 엠마에게 현실은 지루하기만 하다. 그저 똑같은 날들이 이어지는 권태의 연속일 뿐이다. 그녀의 일상은 햇볕이 들지 않는 북향 다락방처럼 서늘하고 쓸쓸하다. 그녀는 사건이 일어나기를 기다린다. 소설 같은 삶을 추구하며 외모를 꾸미는 데 지나치게 몰두하지만 살림살이와 재정 문제에는 전혀 관심이 없다. 현실을 외면한 엠마는 오늘날로 치면 과도한 카드 빚으로 파산한 셈이다.

파리는 엠마의 공상이 가장 극대화된 도시다. 그녀는 공상으로 욕망을 채우기 위해 파리 지도를 산다. 그녀의 눈에 비친 파리는 진홍빛 광채를 내뿜으며 찬란하고 화려하게 빛나는 꿈의 장소였다. 엠마는 지도 이곳저곳을 손가락으로 더듬어 가며 머릿속으로 파리에서 생활하는 자신의 화려한 모습을 그린다. 강렬한 몽상이 현실을 대체하고, 그녀는 상상의 세계를 마치 실제처럼 즐긴다.

환상은 현실이 될 수 없기에 몽상은 그녀를 더욱 비참하게 만든다. 마침내 몽상이 현실이 된 듯한 순간도 있었다. 엠마는 우연한 기회로 주변 마을 후작의 저택에서 열리는 무도회에 초대받는다. 무도회장에 들어선 엠마는 마치 꿈속을 거니는 듯했다. 가슴이 벅차오르고 관능이 활짝 피어나는 순간을 실제로 경험한다. 엠마는 화려하게 치장한 사람들과 어울리며 매일 그들처럼 살고 싶다고 열망한다.

무도회에 간 경험은 폭풍우가 하룻밤 사이 산에 엄청난 균열을 일으키듯이 그녀의 삶에 커다란 구멍을 낸다. 그 구멍은 블랙홀처럼 욕망을 빨아들인다. '지금-여기'를 벗어나 그토록 원했던 '다른 곳'을 경험한 후 '지금-여기'로 돌아오면 아무 문제가 없다. 그러나 엠마는 그러지 못한다. 무도회에 다녀온 다음 날, 그녀에게 하루는 견딜 수 없을 만큼 길게 느껴진다. 현실은 눅눅한 빵처럼 맛없고 초라했다. 엠마는 무도회에서 보낸 시간을 되새김하며 일상을 공상으로 물들인다.

엠마는 레옹을 만나면서도 '다른 곳'을 꿈꾼다. 만약 엠마가 파리로 가서 이상적인 사랑을 찾는다 해도 결과는 같을 것이다. 엠마가 동경하는 '다른 곳'은 몽상으로 빚어진 가상의 세계이기 때문이다. 엠마는 특정 대상에게 욕망을 느낄 때 그 대상이 자신의 결핍을 완벽히 채워 주리라 믿는다. 그러나 막상 그 대상을 손에 넣더라도 욕망은 채워지지 않는다. **마침내 '다른 곳'에 도달해도 얼마 지나지 않아 벗어나고 싶은 '지금-여기'가 되어 버린다. 그러면 또다시 '다른 곳'을 갈망하며 악순환을 되풀이한다.**

엠마는 이상과 현실의 괴리에서 고통받는 인물이다. 프랑스 철학자 쥘 드 고티에는 《보바리즘》에서 마담 보바리의 이름을 빌려 '보바리즘'이라는 개념을 제시했다. 고티에는 보바리즘을 '스스로를 있는 그대로의 자신과 다르게 생각하는 성향, 즉 환상이 자아내는 병'이라고 정의한다. 보바리즘이라는 용어는 엠마 보바리 같은 성향을 가리키는 일반 명사로 쓰인다.

엠마의 심리는 쉽게 '허영(虛榮)'으로 이해할 수 있다. 글자 그대로 '비어 있는(虛) 꽃(榮)'이라는 뜻이다. 겉으로는 화려하고 멋져 보이지만 속은 텅 빈 상태를 뜻한다. 허영은 자신의 실제 모습보다 더 멋지고 완벽하게 보이려는 욕망이다. 누구나 매력적인 사람으로 보이고 싶어 한다. 그래야만 타인에게 사랑받고 인정받을 수 있다고 믿기 때문이다.

우리도 때때로 엠마처럼 허영에 사로잡힌다. 예를 들어 SNS에서 완벽한 모습만 보여 주려 하거나, 타인의 시선을 의식해 비싼 옷이나 유명 브랜드 상품을 갖고 싶어 하는 마음도 허영의 한 형태다. 친구들에게 인정받고 싶은 마음, '멋진 사람'이라는 평가를 받고 싶은 욕구는 자연스러운 감정이다. 하지만 겉모습을 꾸미는

데 집중하다 보면 정작 내면은 공허해진다. 중요한 것은 남들에게 어떻게 보이느냐가 아니라 자기 자신에게 어떻게 보이느냐다.

우리가 타인의 욕망을 욕망한다고?

***

식욕, 성욕, 수면욕 등은 본능의 일부로, 생존하고 번식하는 데 필요하다. 욕구가 본능적·자연적이라면 욕망은 문화적·사회적이다. 배고픔을 달래려고 음식을 먹는 것은 욕구지만, 멋진 곳에서 음식을 즐기는 것은 욕망이다. 추위를 막기 위해 옷을 걸치는 것은 욕구지만, 특정 브랜드 옷을 입고 싶은 것은 욕망이다. 욕구는 생존과 관련된 신체적 필요로서, 충족하고자 하면 만족에 도달할 수 있다. 그러나 욕망은 정신적 요구로서 끊임없이 새로운 대상을 찾아 나선다. 욕망은 어떤 경우에도 완전한 만족에 이를 수 없다.

무언가를 욕망한다는 것은 기본적으로 욕망의 대상이 내게 결핍돼 있다는 뜻이다. 수중에 돈이 없기에 돈을 욕망한다. 사랑하는 사람이 없기에 사랑을 갈망한다. 하지만 이러한 논리는 욕망의 복잡한 내막을 충분히 해명하지 못한다. 사람은 돈이 많아도 더 큰 부를 욕망하고, 사랑하는 이가 있어도 다른 사랑을 상

상한다. 욕망에는 결핍 그 이상의 이유가 있다.

무언가를 원하는 감정은 내부에서 올까, 아니면 외부에서 올까? 누군가가 무언가를 원하는 모습을 보면 나 또한 그것을 원하게 된다. 우리가 어떤 상품을 욕망하는 순간을 가만히 떠올려 보자. 상품에 대한 욕망은 저절로 생겨나지 않는다. 우리의 욕망은 다른 사람을 매개로 한다. 그것이 광고 모델이든 물건을 산 친구이든 사치를 부리는 남이든 말이다. 욕망의 관점에서 보자면 인간은 모방하는 존재(homo mimeticus)다.

철학자 르네 지라르는 이 같은 욕망의 구조를 탐구했다. 그는 인간은 타인이 원하는 것을 욕망한다고 일관되게 주장했다. 욕망은 욕망을 부추기는 제삼자로 인해 생겨난다. 즉, 어떤 대상을 욕망하는 제삼자를 보고 매혹되면 주체 역시 제삼자를 따라 그 대상을 욕망하게 된다. 주체의 욕망은 '모방적 욕망'일 뿐이다. 더 나아가 어떤 대상의 가치는 대상 그 자체에 있지 않다. 사람들이 그 대상을 얼마나 욕망하느냐에 따라 가치가 결정된다.

《돈키호테》에서 주인공 돈키호테는 현실과 환상을 구분하지 못하는 인물로 나온다. 환상에 빠져 자신을 편력 기사로 상상하고 길을 떠난다. 돈키호테는 어느 날 갑자기 위대한 기사가 되겠다고 결심한 게 아니다. 소설을 읽다가 알게 된 아마디스를 롤 모델로 삼아서다. 마담 보바리도 어릴 적 기숙 학교에서 읽은 삼류 로맨스 소설과 파리에서 유행하는 잡지에 실린 이야기에 매료돼 그들처럼 살기를 꿈꾼다.

로돌프와 함께한 후 엠마는 애인이 생겼다는 기쁨에 속으로 탄성을 지른다. 마치 다시 사춘기를 맞이한 것처럼 들뜬다. 자신도 소설에서만 보았던 '애인'을 갖게 됐다는 데서 오는 기쁨이었다. 엠마는 예전에 읽은 소설 속 주인공들과 자신을 겹쳐 보며 황홀함에 빠져든다. 그러나 이별을 통보받자 엠마는 충격으로 발작을 일으킨다. 이별의 고통을 달래기 위해 신앙과 자선에 매달리지만, 그것도 결국 책에서 본 대로 따라 한 행동일 뿐이었다.

우리 역시 모방에서 자유롭지 않다. 우리가 보는 TV 프로그램, 유튜브, SNS 등은 엠마가 모방한 삼류 소설과 다르지 않다. 미디어는 끊임없이 우리가 모방할 대상을 찍어 낸다. 연예인과 인플루언서는 모방의 중개자다. 예컨대 여성 잡지에서 '우리 집 이렇게 꾸몄어요' 같은 기사를 보면 나도 그렇게 꾸미고 싶은 마음이 생긴다. 전혀 신경 쓰지 않다가도 일단 보면 따라 하고 싶어진다. 이것이 바로 모방 욕망이다.

우리는 욕망이 자발적으로 생겨난다고 착각한다. 다시 말해, 욕망이 타인에게서 기원한다는 사실을 부정한다. 르네 지라르는 이를 '낭만적 거짓'이라고 불렀다. 욕망은 저절로 생겨나는 것이 아니다. 개인의 욕망은 타인의 욕망에서 비롯한다. 그런 점에서 욕망은 본질적으로 사회적 성격을 띤다.

무엇이 엠마를 죽음으로 내몰았을까?

***

어떻게 보면 엠마는 자기 욕망에 솔직한 사람이다. "위선이 죽도록 싫었다"라고 말하는 대목에서 이를 엿볼 수 있다. 엠마는 진정한 삶이란 강렬한 정념이 깃든 삶이라고 믿었다. 결혼해서 행복한 척하거나 현재에 안주하며 타협하는 삶은 거짓이라고 여겼다. 이 소설에서 엠마만큼 자신의 욕망에 솔직한 인물이 또 있을까?

문제는 그녀가 욕망에 충실한 삶을 추구하는 방식에 있다. 그녀는 현재의 삶을 거짓으로 여겼고, 거짓에서 벗어난 삶을 추구했다. 자기 욕망에 솔직한 삶이 진짜라고 믿었을 테다. 하지만 욕망을 좇기 전에 욕망이 어디에서 왔고, 욕망을 실현하면 행복해질 수 있는지 제대로 살피지 않았다. 욕망에 충실하긴 했지만 맹목적이었던 셈이다. 엠마는 사랑해서 결혼했다고 생각했지만 시간이 지나면서 더는 사랑하지 않는다고 느꼈다. 그러다 다른 남자와 불륜을 저질렀다. 자신이 타인의 욕망을 좇고 있다는 사실을 알았더라면, 그녀의 인생은 달라졌을지도 모른다.

엠마는 두 번의 불륜 관계에서 눈앞에 있는 상대가 아니라 '환상 속의 남자'를 갈망했다. 예컨대 레옹에게 편지를 쓰면서도 미지의 남자를 떠올렸다. 그 남자는 그녀의 욕망과 몽상이 한데 뒤섞인 환영이었다. 엠마가 동경하는 파리에 가서 그녀가 꿈꾸는 완벽한 남자를 만나 사랑에 빠진다 해도, 결과는 크게 다르지 않을 것이다. 엠마가 염원하는 '다른 삶'은 실현할 수 없는 욕망과 몽상으로 빚은 가상의 삶이기 때문이다. 레옹과 만나면서도 "행복하지 않았고 한 번도 행복했던 적이 없었다"라고 말한 이유도 여기에서 비롯한다.

러시아 대문호 알렉산드르 푸시킨의 《예브게니 오네긴》에 나오는 타치야나도 연애 소설을 읽으며 낭만적인 사랑을 꿈꾼다. 그러다 오네긴이라는 남자를 만나 열정적으로 사랑하지만 결국 오네긴에게 거절당하고 죽을 고비를 맞는다. 타치야나와 엠마는 비슷한 상황에 처하지만 서로 다른 결과를 맞는다. 타치야나는 엠마와 달리 시련을 통해 현실을 직시한다. 로돌프에게 버림받은 엠마는 사경을 헤맬 정도로 괴로워하지만 현실을 똑바로 보지 못한다. 그녀는 오히려 더욱 대담해져 3년 만에 만난 레옹과 또다시 불륜을 저지른다.

엠마도 계속 바람 피울 생각은 아니었다. 상대가 그녀의 사랑에 호응해 함께 떠나길 간절히 바랐다. 상대가 도망가자고 말했더라면 기꺼이 떠났을 것이다. 엠마는 뜨거운 사랑으로 이룬 결혼을 통해 진정한 행복을 꿈꿨다. 불륜이 목적이 아니라 불륜 상대와 결실을 맺고 싶어 했다. 문제는 자기가 먼저 떠나자고 주도하지 못했다는 점이다. 엠마의 욕망은 매우 수동적이었다. 상대방에게 전적으로 의존해 욕망을 실현하려고 했다. 로돌프에게 "나를 데리고 가 줘요! 나를 데리고 달아나요!"라고 애원하는 장면은 그녀의 행복이 타인의 손에 달려 있다는 점을 분명히 보여준다.

엠마는 주체 의식을 갖지 못한 채 타인에게 의지했다. 그래서 행복하지 않은 결혼 생활과 불륜이라는 고통을 겪고도 여전히 "누군가의 든든한 가슴에 생을 의탁할 수 있었더라면 얼마나 좋았을까!" 하고 탄식한다. 자신의 존재 가치를 타인에게서 찾는 사람은 타인이 떠나고 나면 한순간에 모든 것을 잃는다. 엠마가 열정 넘치는 삶을 원했지만 이루지 못한 이유다.

물론 전부 엠마 탓은 아니다. 소설의 배경인 19세기에는 여성에게 많은 불평등을 강요했다. 예컨대 그녀는 딸이 아니라 아들을 원했다. 여자가 할 수 없는 일이 너무나 많았기 때문이다. 여성을 억압하던 시대라는 점을 고려하면 엠마의 죽음을 단지 개인의 잘못으로만 돌리기 어렵다. 사회는 꿈을 실현할 길을 열어 주지 않았다. 남성 중심의 사회는 그녀에게 현실적인 의무만 강요했다. 게다가 그녀의 욕망을 부추기고 이용한 이들 또한 대부분 남성이었다.

나의 진짜 욕망을 찾아야 한다고?

***

엠마 보바리는 특별한 인물이 아니다. 다른 이들처럼 욕망하며 살아가는 사람일 뿐이다. 플로베르 또한 이렇게 말했다. "내가 엠마 보바리다. 우리는 모두 엠마 보바리다." 인간은 끊임없이 무언가를 원하고 추구하면서 살아간다. 삶에서 욕망이 빠지면 진정으로 살아 있는 게 아닐지도 모른다.

우리는 왜 욕망할까? 타인의 사랑과 관심을 받기 위해서다. 특정 브랜드의 신발을 신고 싶은 것, 멋진 몸을 갖고 싶은 것, 명문대에 가고 싶은 것, 돈을 많이 벌고 싶은 것 모두 타자의 욕망에서 비롯한다. 친구, 부모, 사회 등이 타자가 될 수 있다. 욕망 자체가 잘못은 아니다. 많은 사람이 선망하는 대상을 어떻게 나만 욕망하지 않을 수 있겠나? 문제는 타인의 욕망을 내 욕망이라고 착각하는 것이다. 우리는 자기 필요에 따라 욕망하기보다 타인의 욕망을 따라 욕망한다. 광고가 소비를 부추기기 위해 공략하는 것도 이 부분이다.

우리는 과연 주체적인 삶을 살고 있을까? 세상의 실에 매달려 그 실이 조종하는 대로 춤추는 인형을 자유롭다고 말하기는 어렵다. 철학자 아리스토텔레스는 《정치학》에서 주인과 노예를 다음과 같이 구분한다. "주인은 머리를 써서 앞을 내다보는 사람이고, 노예는 신체를 써서 주인의 뜻을 실행하는 사람이다." 주인이 '스스로 생각하는 사람'이라면 노예는 '명령에 따라 행동하는 사람'이다. 욕망의 관점에서 이해하자면 주인은 자기 욕망에 따라 살지만 노예는 그렇지 못하다.

진짜 욕망과 가짜 욕망을 구분하기 위해서는 '내가 정말 원하는 것인가?'를 자주 되물어야 한다. 타인의 기대를 충족하기 위해서가 아니라 온전히 나의 행복을 위해 선택한 욕망이 진짜 욕망이다. 부모의 기대나 사회의 평가에 따라 받아들인 욕망은 가짜일 가능성이 크다.

우리 안에는 무한한 욕망과 자유가 존재한다. 세상이 규정한 욕망의 격자를 가로질러 자기의 욕망을 찾아가야 한다. 어떻게 해야 나의 진짜 욕망을 찾을 수 있을까? 사실 나의 욕망이라고 생각했던 것도 시간이 지나고 보면 남에게서 비롯한 경우가 많다. '나만의 욕망이 과연 존재할까?'라는 의문이 들기도 한다. 진짜 욕망을 찾는 특별한 방법은 없다. 이것도 해 보고 저것도 해 보며 직접 부딪히고 경험하면서 찾는 것뿐이다. 다양한 욕망을 실험해 보면서 무엇을 할 때 가장 행복한지 찾아 가야 한다.

나의 욕망이 곧 나의 정체성이다. 삶은 나를, 즉 나의 욕망을

찾아가는 과정이다. 그 과정에서 우리는 끊임없이 변화한다. 정신분석학자 자크 라캉은 《에크리》에서 "세상에 태어날 때 주체는 타자의 욕망 대상으로 존재한다. 자신이 욕망하는 것이 진실로 자신이 소망하는 것인지 알기 위해서, 주체는 다시 태어날 수 있어야 한다"라고 했다. 애벌레가 고치를 거쳐 나비가 되는 것처럼 다시 태어나야 한다.

돈을 많이 버는 것이든, 배우자를 만나 결혼하는 것이든 어떻게 살아갈지 깊이 고민하고 내린 결정이어야 한다. 사람들이 하는 말이나 주변의 기대에 따라 나도 모르게 내린 선택은 나의 욕망을 성찰하고 시험하여 찾아낸 결론이 아니다.

명문대에 가기를 욕망하던 사람이 시 쓰는 삶을 동경하고, 부자가 되기를 욕망하던 사람이 어려운 이웃을 돌보는 일에 마음을 쏟는 것. 이런 것이야말로 다시 태어나 '진짜 나'로 살아가는 길이 아닐까? 진정으로 원하는 욕망을 만난 사람만이 비로소 자기 삶을 이끄는 주체로 거듭날 수 있다.

단 하나의 문장을 찾아서

소설에 인생을 건 작가

귀스타브 플로베르는 권위적인 아버지와 냉정한 어머니 밑에서 자랐다. 일곱 살까지 말을 하지 못해 집안의 골칫거리였지만 아홉 살에 첫 희곡 작품을 쓰며 재능을 드러냈다.

플로베르는 소설에 인생을 바쳤다고 할 정도로 매우 성실한 작가였다. 결혼도 하지 않았고 연애조차 철저히 계획된 시간에 즐겼다. 하루 종일 글을 쓰다 새벽에 잠들었다가도 새로운 아이디어가 떠오르면 벌떡 일어나곤 했다. 그는 집필 시간을 최대한 확보하기 위해 노력했다. 멀리 떨어진 애인의 집을 방문하는 대신 중간 지점에서 짧게 만난 후 곧바로 귀가해 작업에 몰두했을 정도다.

완벽을 향한 5년의 여정

1856년 출간된 《마담 보바리》는 플로베르의 첫 소설이지만, 그가 쓴 작품 중에서 가장 뛰어나다고 평가받는다. 플로베르의 정확하고 정교한 문체는 치열한 노력의 산물이다. 플로베르는 《마담 보바리》를 쓰면서 자신을 "손등에 납덩이를 얹고 피아노를 치는 사람"에 비유했다. 창작의 고통을 견디며 《마담 보바리》를 완성하기 위해 무려 5년 동안 집필에 매달렸다.

플로베르는 표현의 정확성을 중시했다. 그의 소설 방법론은 '일물일어(一物一語)'로 요약된다. 하나의 대상(一物)에 가장 적절한 단어 하나(一語)를 대응시킨다는 뜻이다. 하나의 사물에 하나의 명사를, 하나의 동작에 하나의 동사를, 하나의 상태에 하나의 형용사를 정확하게 써야 한다는 생각이다. 플로베르는 무엇을 쓸지보다 어떻게 쓸지, 즉 문체 문제에 천착한 최초의 작가로 평가받는다.

플로베르는 작가들에게 경외의 대상이었다. 카프카가 "나는 플로베르의 초라하고 어설픈 자식이다"라고 말했을 정도다. 철학자 사르트르도 경탄을 아끼지 않았다. 소설《구토》로 노벨 문학상을 받은 그는《마담 보바리》의 마지막 장면을 스무 번도 넘게 읽었다고 한다.

엠마는 곧 우리다

《마담 보바리》를 출간하고 도덕률을 위반했다는 이유로 법정에 선 플로베르는 "마담 보바리, 그는 바로 나다!"라고 항변했다. "엠마는 곧 나다"라는 말은 "엠마는 곧 우리다"라는 말로 바꿔 이해할 수 있다. 누구나 내면에 엠마 보바리를 품고 있다. 권태에 빠지고 환상에 사로잡혀 끊임없이 새로운 욕망을 좇는 모습이야말로 우리 일상의 단면이 아닐까?

경쟁

꽃들에게 희망을

트리나 폴러스

평화로운 나날을 보내던 줄무늬 애벌레는 하늘 높이 솟은 기둥을 발견한다. 수많은 애벌레가 기둥을 오르고 있었다. 다른 애벌레를 마구 짓밟으며 기둥을 오르던 줄무늬 애벌레는 노랑 애벌레와 사랑에 빠지고, 정상으로 가는 삶에 회의를 느끼는데……

언제까지 경쟁하며 살아야 할까?

남을 따라서 경쟁한다고?

****

이제 막 세상에 나온 줄무늬 애벌레는 초록빛 나뭇잎을 갉아 먹으며 무럭무럭 자란다. 그러다 먹는 일을 중단하고 생각한다. "그저 먹고 자라는 것만이 삶의 전부는 아닐 거야. 이런 삶과는 다른 무언가가 있을 게 분명해."

길을 떠난 줄무늬 애벌레는 큰 기둥을 발견한다. 줄무늬 애벌레는 기둥 아래에서 서성이는 다른 애벌레에게 기둥을 오르는 애벌레들이 뭘 하는지 묻는다. 그 애벌레는 다들 꼭대기로 올라가기 바빠서 아무도 설명해 주지 않는다고 답한다. 줄무늬 애벌레는 꼭대기에 무엇이 있는지도 모른 채 다른 애벌레들을 따라 힘겹게 기둥을 올라간다.

애벌레들은 오직 위로 올라가는 일 외에는 다른 목표가 없다. 줄무늬 애벌레는 간혹 곁에 있는 애벌레에게 묻는다. "왜들 이렇게 저 높은 곳으로 올라가는지 혹시 너는 아니?" 애벌레는 곧바로 대답했다. "아무도 몰라. 하지만 모두들 저렇게 달려가는 모습을 봐. 무언가 대단한 것이 있음에 틀림없어! 그렇지!" 애벌레들은 다들 올라가니까 덩달아 기둥을 오른다. 애벌레들은 눈 가린 말처럼 정해진 트랙을 질주한다.

기둥은 경쟁만 남은 세계를 보여 준다. 이곳에는 두 가지 선택만 존재한다. 남을 밟고 올라가느냐 아니면 남의 발밑에 깔리느냐. 이런 상황에서는 사랑도 우정도 있을 수 없다. 모두가 나를 막는 장애물이자 나를 위협하는 적일 뿐이다. 제자리를 지키는 것도 힘겹다. 무한 경쟁 세계에서는 모두가 죽을힘을 다해 달리기 때문에 아무리 기를 쓰고 달려도 제자리에 있는 것과 마찬가지다. 잠시 쉬었다 가자는 생각으로 방심했다가는 아래로 떨어지고 만다.

줄무늬 애벌레는 다른 애벌레들을 마구 짓밟으며 올라가다 노랑 애벌레를 만난다. 노랑 애벌레는 꼭대기에는 무엇이 있는지, 어디로 가는지 생각하며 불안해하지만 틀림없이 좋은 곳일 거라는 말을 듣고 안심한다. 그렇지만 여전히 서로 밟고 밀치며 올라가는 방법은 마음에 들지 않아 주저하며 아래를 내려다본다.

차마 노랑 애벌레를 밟고 올라갈 수 없었던 줄무늬 애벌레는 기둥을 오르는 일에 회의를 느낀다. "저 위에 무엇이 있는지는 모르지만, 과연 이런 짓을 하면서까지 올라갈 가치가 있을까?" 줄무늬 애벌레는 결국 노랑 애벌레와 함께 기둥을 내려온다. 사랑에 빠진 두 애벌레는 경쟁을 멈추고 함께하는 삶을 선택한다. 서로의 다정한 눈길을 보며 자신이 이 생활을 좋아하지 않는다는 것을 알게 된다. 노랑 애벌레와 줄무늬 애벌레는 풀밭에서 신선한 풀을 먹고 함께 낮잠을 자는 평온한 나날을 보낸다. 기둥에서는 여전히 꼭대기로 올라가기 위한 경쟁이 벌어지고 있다. 두 애벌레를 제외하고 제 발로 기어 내려오는 애벌레는 한 마리도 없다.

하지만 시간이 흐르자 줄무늬 애벌레는 평온한 생활에 싫증을 느낀다. 풀을 먹고 낮잠을 자는 생활이 무료해지자 삶에는 이 이상의 것이 있을 거라는 생각이 다시 밀려온다. 지긋지긋하고 혼란스러운 세계보다 지금이 훨씬 낫다는 노랑 애벌레의 말에도 꼭대기에 무엇이 있는지 모른다고 말한다. 결국 줄무늬 애벌레는 다시 기둥을 오르는 대열에 합류한다. 노랑 애벌레는 줄무늬 애벌레를 따라가지 않기로 한다. 상대를 짓밟고 기둥을 오르는 일이 과연 그만한 가치가 있는지 의심스러웠기 때문이다.

경쟁 끝에는 무엇이 있을까?

****

줄무늬 애벌레는 기둥 꼭대기에 도달하기 위해, 노랑 애벌레는 더 의미 있는 삶을 찾기 위해 각자 길을 떠난다. 줄무늬 애벌레는 다른 애벌레들을 무자비하게 밟으며 온 힘을 다해 꼭대기로 올라간다. 정상에 도달하려는 집념에 다른 애벌레와 눈도 마주치지 않는다. 감정에 휘둘리면 또다시 시간을 허비할지 모른다고 생각한다. 정상에 거의 다다를 무렵, 위에서 정상에 아무것도 없다는 소리가 들린다. 그러자 다른 애벌레가 답한다. "조용히 해, 이 바보야! 밑에 있는 놈들이 다 듣겠어. 우린 지금 저들이 올라오고 싶어 하는 곳에 와 있단 말이야. 여기가 바로 거기야!"

줄무늬 애벌레는 사방에 널린 기둥을 본다. 다른 애벌레들을 잔인하게 짓밟으며 올라왔는데 기둥은 여기뿐 아니라 저기에도, 저 멀리에도 있었다. 기둥의 신비 따위는 없었다. 꼭대기에서 할 수 있는 유일한 일은 기둥에서 떨어져 죽는 것뿐이었다. 정상에 도달한 애벌레들은 분노에 몸서리치며 아래로 떨어져 죽음을 맞는다.

한편 노랑 애벌레는 늙은 애벌레 한 마리가 나뭇가지에 거꾸로 매달려 고치를 짓는 모습을 본다. 무슨 일이냐고 묻자 나비가 되려면 이렇게 해야 한다는 답이 돌아온다. 나비라는 말에 놀란 노랑 애벌레에게 늙은 애벌레는 나비가 되어야 한다는 중요한 이야기를 들려준다.

　노랑 애벌레는 솜털투성이 벌레의 내부에 그토록 아름다운 날개가 숨어 있다는 사실에 놀란다. 늙은 애벌레는 애벌레의 상태를 기꺼이 포기할 만큼 절실히 날기를 원할 때 가능한 일이라고 말한다. 노랑 애벌레는 평생 애벌레로 사는 일은 진정한 자아를 찾는 길이 아님을 깨닫는다. 그리하여 고치를 지어 그 속에서 힘겹고 불안한 시간을 버텨 낸다. 이윽고 노랑 애벌레는 아름다운 나비로 거듭난다.

　줄무늬 애벌레는 아래에서 올라오는 무수한 애벌레에 밀려 꼭대기에서 떨어지기 직전이다. 그때 어디선가 나비 한 마리가 날아와 줄무늬 애벌레를 구해 준다. 그는 나비의 눈길에서 노랑 애벌레를 발견한다. 이후 줄무늬 애벌레는 나비가 된 노랑 애벌

레의 도움으로 고치를 만들고 호랑나비로 다시 태어난다. 줄무늬 애벌레는 날개를 힘껏 펼치는 순간, 자신 안에 처음부터 기둥보다 더 높이 날 수 있는 힘이 숨어 있었음을 깨닫는다.

기둥 꼭대기에 무엇이 있는지 궁금해 인생을 허비한 이들은 시행착오 끝에 마침내 진실과 마주한다. 무한 경쟁은 탐욕과 환상으로 쌓아 올린 실체 없는 '공허한 기둥'에 지나지 않는다는 사실을. 줄무늬 애벌레는 남을 짓밟아야만 살아남을 수 있는 애벌레가 아니라 서로 사랑하며 자유롭게 날아다니는 나비가 될 수 있음을 깨닫고 진실을 전하기 위해 소리친다. 우리는 나비가 될 수 있다고. 꼭대기에는 아무것도 없다고. 서로를 밀치며 올라가는 애벌레들을 향해 힘껏 외치지만 꼭대기에 온 신경을 빼앗긴 애벌레들에게는 들리지 않는다.

작품에 등장하는 수십 개의 기둥은 더 높은 곳에 오르기 위해 끝없이 경쟁하는 현대 사회의 축소판이다. 애벌레는 기둥을 오르다 그만두면 결국 낙오자가 될 거라고 생각한다. 남들에게 뒤처질까 봐 불안에 떨며 무한 경쟁의 대열에 합류하는 현대인의 모습과 놀라울 만큼 비슷하다. 우리는 매일 무언가를 채우려는 갈망으로 숨 가쁘게 달리지만, 정작 어디로 가는지 모를 때가 많다. 애벌레들처럼 경쟁의 끝에 달콤한 보상이 기다리고 있다고 굳게 믿을 뿐이다.

경쟁이 경쟁력을 높이는 건 아니라고?

✳✳✳

많은 청소년이 입시 경쟁으로 힘들어한다. 2024년 교육부와 질병관리청이 발표한 청소년 건강 행태 조사 결과에 따르면, 한국 청소년 10명 중 4명이 극심한 학업 스트레스에 시달리는 것으로 나타났다. 10명 중 3명은 일상생활이 어려울 정도로 우울한 적이 있다고 답했다. 입시 경쟁은 현실판 애벌레 기둥과 같다. 어느 입시 대비 학원은 "새 학기가 시작되었으니 넌 우정이라는 그럴듯한 명분으로 친구들과 어울리는 시간이 많아질 거야. 그럴 때마다 네가 계획한 공부는 하루하루 뒤로 밀리겠지. 그런데 어쩌지? 수능 날짜는 뒤로 밀리지 않아. 벌써부터 흔들리지 마. 친구가 네 공부를 대신 해 주는 것도 아니잖아"라고 광고한다.

우리는 서로 짓밟으며 기어오르는 애벌레들처럼 경쟁과 비교 속에 살아간다. 대학 입시라는 관문을 통과하기 위해 여덟 살부터 열아홉 살까지 12년을 쉼 없이 달려야 한다. 사람들은 사회에 나와서도 경쟁에서 밀리면 안 된다는 불안감으로 다시금 자기 개발에 몰두한다. 2021년에 발표된 기사에 따르면 직장인들이 꼽은 새해 소망은 1위가 건강, 2위가 자기 개발이었다. 이처럼 삶의 전 과정에서 경쟁이 끊이지 않는다.

사람들은 경쟁이 경쟁력을 높인다고 생각한다. 그런 관점에서

161

지나친 입시 경쟁을 당연하게 여기기도 한다. 경쟁이 경쟁력을 높인다면, 세계 최고 수준의 경쟁 사회인 대한민국이 세계에서 가장 경쟁력이 높은 나라여야 하지 않을까?

스위스는 산업화가 잘된 부유한 나라로 손꼽힌다. 1인당 국민 소득이 8만 달러가 넘는다. 그런데 1990년대 초까지만 해도 대학 진학률이 다른 선진국의 3분의 1 수준이었다. 현재도 대학 진학률이 50퍼센트를 넘지 않는다. 학생 대부분이 대학에 진학하는 한국이 스위스보다 더 잘살거나 더 창의적인가? 스위스의 사례는 교육이 생산성에 미치는 효과가 생각보다 낮다는 사실을 보여 준다. 1인당 국민 소득이 6만 달러 가까이 되는 스웨덴도, 10만 달러를 넘는 노르웨이도 대학 진학률은 30퍼센트 언저리에 머물러 있다.

대학에서 배운 지식이 직장에서 업무를 수행할 때 별로 도움이 안 되는 경우도 많다. 그렇다면 대학이나 대학원 같은 고등 교육 여부를 채용 과정에서 중요하게 평가하는 이유가 뭘까? 대학을 졸업한 사람은 대학을 나오지 않은 사람보다 똑똑하고, 의지가 강하며, 조직적 사고력이 높다고 손쉽게 결론 내리면 고용 시장에서 순위를 매기기 편리하기 때문이다. 이를 경제학에서는 '선별 가설(screening hypothesis)'이라고 부른다.

시험 성적이 좋으면 실력도 좋을까? 운전면허 시험에 1등으로 합격했다고 해서 운전을 가장 잘하는 건 아니다. 사회에서 실제로 필요한 능력은 문제 해결 능력이다. 여기서 말하는 문제가 문제집에 나오는 것처럼 정형화되었을 리가 없다. 일을 잘하기 위해서는 어디에도 나와 있지 않은 새로운 문제를 해결하는 능력이 가장 중요하다. 이런 능력은 측정하기가 쉽지 않으니 편의상 시험 결과로 판단할 뿐, 시험 성적과 문제 해결 능력이 꼭 비례하지는 않는다.

비유하자면 이런 것이다. 축구 실력을 평가하려는데 수십만 수험생의 실력을 일일이 확인하기가 쉽지 않고 각자의 실력을 비교하기도 불가능하다. 그렇다면 어떻게 해야 할까? 가장 간단한 방법은 평가를 필기시험으로 대체하는 것이다. 경기 규칙이나 축구 상식부터 축구공에 사용된 실의 종류와 원산지, 유니폼의 역

사 등 온갖 자질구레한 정보를 물으면 된다. 이런 시험이라면 천하의 메시가 실력이 변변찮다는 평가를 면치 못할 것이다. 극단적인 예시이기는 하지만 이것이 변별력의 실체가 아닐까? 손쉽게 평가하려고 만든 시험에서 좋은 점수를 받기 위해 하는 경쟁은 경쟁력을 높일 수 없다.

평가를 하는 이유가 무엇일까? 학생들을 줄 세워 가장 우수한 학생을 가려내기 위해서? 아니면 학생들이 부족한 부분을 보완하고 잠재력을 키울 수 있도록 도우려고? 전자는 부수적인 기능에 불과하다. 후자야말로 평가의 본질적인 역할이다. 오늘날 치르는 시험은 부수적인 기능이 본질적인 기능을 완전히 대체해 버렸다. 교육 차원에서 평가의 목적과 기능이 무엇인지 분명히 할 필요가 있다. 그래야만 시험이 어떤 모습을 갖춰야 하는지 답을 찾을 수 있다. 평가는 배움을 위한 수단일 뿐이다. 수단이 목적이 되어서는 안 된다.

이런 현상은 한국뿐만 아니라 전 세계에서 비슷하게 나타난다. 경제학자 로버트 프랭크는 이를 '지위의 군비 경쟁'이라고 표현했다. 2차 세계 대전 이후 미국과 소련은 서로를 압도하기 위해 불필요하게 많은 무기를 비축했다. 그 결과 사회적으로 더 나은 일에 쓸 수 있는 돈과 자원을 낭비하게 됐다. **오늘날 개인들은 자신의 지위를 유지하고 강화하기 위해 지나친 경쟁에 몰두한**

지위의 군비 경쟁은 결국 사회적 자원을 낭비한다. 끝없는 경쟁 속에서 개인은 과중한 자기 개발을 요구받으며 육체적·정신적 소진을 겪는다. 경제적 부담도 만만치 않다. 높은 교육비와 자기 개발 비용을 감당하느라 삶의 여유를 잃고, 진정한 배움보다는 스펙 쌓기에 몰두하게 된다. 더 나아가 사회적으로도 창의성과 다양성을 저해한다. 또한 불필요한 경쟁에 지나치게 많은 돈과 시간이 투입되면서, 정작 사회에 필요한 분야에 충분한 자원을 투자하지 못하는 문제를 초래한다. 인적 자원의 효율적 배분이 어려워지는 것이다.

날개는 이미 내 안에 있다고?

***

무엇을 향해 가는지도 모른 채 맹목적으로 기둥을 오르는 애벌레들은 경쟁 사회를 살아가는 우리의 모습을 잘 보여 준다. 우리는 무엇을 위해 이토록 아등바등 살까? 기둥 꼭대기에 다다르기만 하면 행복할 수 있다고 믿지만 그 또한 불확실한 믿음일 뿐이다. 우리는 니체가 말한 '낙타의 삶'을 살고 있다. 채찍이 무서워 어쩔 수 없이 등짐을 지고 사막을 걷지만, 마치 자신이 원해서 걷는다고 착각한다.

삶에 '정상(頂上)'이 있다면 삶은 끝없는 등반이 된다. 정상을 향해 가는 삶은 내내 오르막길일 수밖에 없다. 정상에 올라야만 한다고 믿는 사람에게는 평평한 땅도 실패다. 내리막길은 공포 그 자체다. 그런 사람은 어디를 향해 가는지도 모른 채 지칠 때까지 오르고 또 오른다. 오르기를 멈추면 모든 게 실패로 돌아간다는 부담감으로 삶이 피폐해지는 줄도 모르고 말이다.

우리는 감옥에 갇힌 삶을 살고 있다. 그러나 대부분은 그 사실을 깨닫지 못한다. 갇혀 있음을 알려 주는 쇠창살 같은 징표가 없다 보니 자신의 처지를 의심할 기회조차 없다. 자신이 감옥에 갇힌 줄 모르는 사람들은 출구를 찾을 시도도 하지 못한 채 살아간다. **감옥은 멀리 있지 않다. 쉬지 않고 계속 무언가를 해야 할 것 같은 압박감, 사회가 주입한 가치에서 벗어나지 않고 남들과 같은 길을 가야 안전하고 행복하다고 여기는 생각 자체가 감옥이다. 자유롭지 못한 존재임을 깨달을 때 우리는 비로소 자유로울 수 있다.**

기어다니던 애벌레가 나비가 되어 날아오르려면 환골탈태를 위한 결단과 노력이 필요하다. 책의 머리말에는 "보다 충만한 삶을"이라는 표현이 나온다. 서로를 짓밟으며 앞만 보고 달려야 하는 사회에 의문을 던지고, 끝없는 경쟁의 트랙에서 벗어나야 충만한 삶을 살 수 있다.

무리에서 벗어나 자신만의 길을 가기 위해서는 수많은 두려움과 의심을 뛰어넘을 만큼 강한 의지가 필요하다. 이는 '내적 혁명'이라고도 부를 수 있다. "혁명을 추구했던 나의 아버지에게 바친다." 트리나 폴러스가 책에 남긴 헌정사도 같은 맥락에서 이해할 수 있다.

어쩌면 인생은 이미 출발한 기차와 같지 않을까? 눈을 떠 보니 인생이라는 먼 길을 달리는 기차 안에 우리는 앉아 있었다. 기

차의 종류도, 속도도 내가 정하지 않았다. 삶은 어디로 향하는지도 모른 채 흘러간다. 줄무늬 애벌레의 삶도 다르지 않았다. 하지만 시행착오를 거치며 자신의 소명을 깨달은 줄무늬 애벌레는 고치를 만들어 그 속에 조용히 들어앉는다. 인내의 시간을 보낸 줄무늬 애벌레는 비로소 기둥의 세계에서 벗어나 나비가 된다. **나의 소명을 탐구하기 위해서는 우선 기차에서 내려야 한다. 나의 방향을 스스로 선택한 후에 목적지에 맞는 기차를 다시 타야 한다.** 아니, 꼭 기차를 탈 필요도 없다. 자전거를 타고 갈 수도 있고, 걸어갈 수도 있다. 나에게 맞는 방향과 속도를 정했다면 이제 그곳으로 향해 가면 된다.

이 작품은 우리가 얼마나 쉽게 무한 경쟁과 승자 독식의 감옥에 갇히는지 보여 준다. 감옥은 우리 내면에 존재한다. 잠시도 멈추지 말고 기둥을 올라야 한다는 압박감, 남들이 가는 길을 따라야 한다고 믿는 사고방식이 바로 감옥이다. 우리는 애벌레로 살 필요가 없다. 기둥을 오르는 대신 날개를 펼쳐 날아오를 때 진정한 자유를 누릴 수 있다는 사실을 기억하자.

애벌레가 피운 꽃송이

단 한 편의 작품을 남긴 작가

트리나 폴러스는 어릴 때부터 농장에 살며 자연과 친숙한 환경에서 자랐다. 열여덟 살에 대학에서 장학금을 제안받았지만 이집트 아흐밈에서 가난으로 학교를 다니지 못하는 여학생들을 도왔다. 오랫동안 국제여성운동단체인 그레일(The Grail) 회원으로 활동하며 농장에서 우유를 짜고 채소를 기르고 조각품을 만들어 팔았다.

미국으로 돌아온 그녀는 태어나서 처음 번 돈이나 다름없는 500달러의 계약금을 받고 오래전부터 구상한 《꽃들에게 희망을》을 2년에 걸쳐 완성했다. 애정을 담아 글자 하나하나 손으로 눌러쓰고 직접 그림을 그린 이 책은 트리나 폴러스가 세상에 남긴 유일한 작품이다.

우리 모두를 위한 이야기

그녀는 머리말에 "나비에 대한 믿음을 갖게 해 준 모든 분에게 감사드립니다. 애벌레는 나 자신을, 그리고 우리 모두를 닮았습니다"라는 말을 남겼다. 자기의 참모습을 발견해 날개를 펼치고 싶어 하는 열망은 우리 모두에게 있다. 그런 의미에서 《꽃들에게 희망을》은 우리 모두를 위한 이야기다.

이 책에는 변화와 성장에 대한 갈망이 새로운 삶을 가능하게 한다는 메시지가 담겨 있다. 나비가 된 애벌레는 더 넓은 세상을 누리고 꽃의 번식을 도우며 자연의 순환에 핵심 역할을 한다. 변화와 성장은 단순히 자기완성에 그치지 않고 생명의 순환이라는 고귀한 목적을 이룬다.

나비가 사라지면 꽃도 사라진다

《꽃들에게 희망을》이라는 제목은 생태계의 아름다운 상호 의존성을 함축하고 있다. 꽃의 입장에서 애벌레가 나비로 변하는 과정은 단순한 변신이 아니라 꽃가루를 옮길 수 있는 존재로 거듭나는 희망의 여정이다. 나비가 없으면 세상에서 꽃이 사라지고 말 거라고 늙은 애벌레가 경고한 것처럼 모든 생명은 연결되어 있다. 이는 트리나 폴러스가 자연 친화적인 삶을 살며 깨달은 바이다.

이 같은 생태적 지혜는 인간의 성장 과정에 대한 깊은 통찰로 이어진다. 우리도 서로의 일부가 되어 의존하며 살아간다. 나비가 개인적인 변신을 넘어 생태계에 기여하듯이 개인의 성장은 자아실현에서 멈추지 않는다. 개인의 성장이 궁극적으로 세상에 긍정적인 영향을 미칠 때, 비로소 우리는 온전한 존재로 완성된다.

폭력
파리대왕
윌리엄 골딩

비행기가 추락하면서 소년들이 외딴섬에 불시착한다. 아이들은 구조를 기다리며 선거를 통해 대장을 뽑고 사냥 부대를 조직한다. 질서를 찾은 듯했으나 사냥에 집착하던 잭이 점점 폭력성을 드러내면서 섬은 광기로 가득한 지옥으로 변하는데……

무엇이 인간을 악하게 만들까?

두려움이 폭력을 낳는다고?

***

핵전쟁의 위협을 피해 영국을 탈출한 비행기가 무인도에 불시착한다. 어른들은 모두 죽고 20여 명의 소년들만 살아남았다. 다행히 섬에는 과일이 풍성했고 바로 마셔도 되는 물이 웅덩이에 고여 있었다. 소년들은 아름다운 산호를 보며 섬 생활에 환상을 갖는다. 소설에서 봤던 모험이 기다리고 있으리라 기대하며 주인공이 된 듯한 기분에 들뜬다.

아이들은 두 그룹으로 나뉜다. 하나는 다섯 살에서 일곱 살이 모인 꼬마 그룹이고 다른 하나는 열두 살을 전후한 소년 그룹이다. 꼬마들은 바닷가에서 놀거나 과일을 따 먹으며 대체로 태평하게 지낸다. 이야기의 핵심 축은 소년 그룹이다. 주요 인물은 의견을 모으고 규칙을 세우며 리더십을 발휘하는 랠프, 해박한 지식과 논리적 사고력을 지닌 피기, 씩씩하지만 독재자 같은 잭, 모두가 두려워하는 괴물의 비밀을 찾아 나서는 사이먼이다.

이들 중 랠프와 잭이 가장 중요한 인물이다. 랠프는 금발에 체격이 다부지다. 어깨가 넓어 권투 선수 같은 인상을 준다. 하지만 얼굴에는 악의 없는 온화함이 깃들어 있다. 성격은 온순하고 합리적인 편이다. 망토를 걸친 잭은 마른 체격이나 키가 크고 뼈마디가 굵다. 검은 모자를 눌러쓰고 파란 눈동자를 번득이며 명령을 내릴 때면 언제든 돌변해 버럭 화를 낼 것처럼 보인다.

랠프가 대장으로 뽑히자 잭은 대장이 되지 못한 수치스러움에 얼굴이 빨개지고 만다. 랠프가 잭이 통솔하는 합창단을 사냥대로 활용하자고 제안하면서 갈등은 잠시 수면 아래로 가라앉는다. 소년들은 두 무리로 나뉜다. 민주적인 투표로 선출된 대장 랠프를 중심으로 하는 집단과 잭의 지휘에 따라 사냥을 하고 봉화피우는 임무를 수행하는 집단이다.

랠프는 당장의 상황에 휘둘리기보다 장기적인 대책을 마련해야 한다고 믿는다. 이를테면 산꼭대기에 모닥불을 피워 외부에 구조 신호를 보내는 일을 가장 중요하게 여긴다. 살이 쪘다고 놀림받는 피기는 랠프를 도와주는 인물로, 토론을 중시한다. 피기는 과학과 이성의 힘으로 문제를 해결하려는 인물이다.

시간이 갈수록 랠프와 잭은 사사건건 부딪친다. 잭은 토론 따위는 시시하다며 무기를 만들어 멧돼지 사냥에 나선다. 랠프는 봉화를 중요하게 생각하지만 잭은 사냥에만 몰두한다. 잭 무리는 외부에 구조 신호를 보내기 위해서가 아니라 고기를 구워 먹기 위해 모닥불을 피운다. 그들은 당장 구조될 가능성이 적다고 보고 차라리 섬에 정착해야 한다고 생각한다.

어느 날 수평선 멀리 배가 보인다. 랠프는 산꼭대기를 향해 죽을힘을 다해 뛰었지만 봉화가 꺼진 탓에 구조 신호를 보내지 못한다. 어느 순간부터 불 피우는 일을 소홀히 한 결과였다. 랠프는 불같이 화를 낸다. 그러나 사냥에 사로잡혀 평정심을 잃은 잭 무리는 이 상황을 대수롭지 않게 여긴다. 이때부터 랠프를 중심으로 한 공동체 질서에 서서히 금이 가기 시작한다.

잭은 랠프가 대장으로서 무능하다고 비난하며 사냥 부대를 이끌고 무리를 떠난다. 급기야 산에 정체 모를 무서운 괴물이 산다는 소문이 꼬마들 사이에 퍼지기 시작한다. 소년들은 괴물의 실체를 확인하러 산으로 올라가지만 공포에 질려 산비탈을 허둥지둥 내려온다. 괴물에 대한 소문은 삽시간에 퍼진다. 두려움에 사로잡힌 아이들이 하나둘 잭 무리에 합류하고 랠프 곁에는 피기와 사이먼만 남는다. 잭 패거리는 산속 괴물에게 사냥한 멧돼지 머리를 제물로 바친다. 랠프와 잭의 갈등이 커지면서 두 편으로 나뉜 아이들은 점점 더 폭력적으로 변한다. 결국 광기와 살인만이 섬을 지배하게 된다.

가면이 폭력성을 드러낸다고?

***

랠프가 환하고 열린 공간에서 산다면, 잭은 어둡고 닫힌 공간에서 지낸다. 봉화 피우는 일, 즉 구조와 질서를 우선으로 생각하는 랠프 무리는 평평한 바위가 있는 바닷가에서 생활한다. 반면에 사냥과 생존을 중시하는 잭 무리는 암반 동굴에서 지낸다. 두 집단은 문명과 야만, 질서와 폭력, 이성과 본능, 더 나아가 민주주의와 전체주의를 대변한다.

랠프는 공동체 질서를 유지하기 위해 여러 규칙을 마련한다. 과일 따 먹는 곳을 깨끗하게 유지하기, 정해진 장소에서 용변 보기, 폭포수 아래 웅덩이 물 마시기, 야자열매 껍데기로 물 길어 나르기……. 무엇보다 가장 중요한 규칙은 구조를 위해 봉화를 유지하는 일이다. 불이 꺼지지 않도록 주의를 주고, 섬 전체가 불바다가 되지 않도록 안전한 장소에서만 불을 피우게 한다. 이처럼 랠프는 이성과 상식을 바탕으로 한 민주적 리더십을 보여 준다.

랠프가 문명과 질서를 대변한다면, 잭은 야만과 폭력을 상징
한다. 붉은 머리에 펄럭이는 망토를 두른 잭의 모습은 흡사 타락
천사를 연상시킨다. 처음에는 잭도 봉화의 중요성을 인정하는 듯
했지만 점차 사냥에만 몰두하며 본능을 따른다. 합리성을 중시
하는 랠프와 달리 본능과 욕망에 따라 행동하며 폭력과 권력을
추구한다. 잭은 랠프가 자신을 제치고 대장으로 뽑히자 불만을
품는다. 이에 사냥 부대를 조직해 폭력을 주도한다. 잭의 폭력성
은 멧돼지 사냥을 계기로 노골적으로 드러나며 점차 다른 소년
들에게 전염된다.

이 작품은 다양한 사물에 상징적 의미를 부여해 대립 구도를
드러낸다. 토론할 때 발언권을 얻기 위해 사용하는 소라는 질서
와 평화를 상징한다. 랠프는 소라를 불어 아이들을 한데 모으고,
발언권을 얻은 사람에게 소라를 건넨다. 소라를 들고 말할 때는
누구도 끼어들 수 없다. 이처럼 소라는 발언권을 보장하고 공동
체의 질서를 유지하는 역할을 한다. 그러나 피기가 죽을 때 소라
가 깨지면서 랠프가 지켜 온 질서도 무너진다. 결국 랠프는 잭 무
리에게 쫓겨 숲속으로 도망치고, 섬은 폭력으로 물든다. 소라의
파괴는 질서의 붕괴를, 랠프의 고립은 문명의 패배를 상징한다.

사냥을 위해 얼굴에 진흙을 칠하는 행위는 인간성을 상실한
폭력을 의미한다. 잭 무리는 멧돼지에게 쉽게 노출되지 않기 위

해 얼굴에 진흙을 바른다. 군인이 적에게 노출되지 않으려고 위장하는 것처럼 말이다. 소년들은 얼굴에 색을 칠하면서 본격적으로 폭력성을 드러낸다. 붉은색, 검은색, 흰색 진흙으로 얼굴을 칠하자 소년들은 다른 사람처럼 보인다. 얼굴에 칠한 진흙은 일종의 가면이다. 가면은 수치심과 죄책감을 감춰 주고 숨겨진 본능이 드러나게 한다. 가면을 쓴 아이들은 점점 더 폭력적으로 변해 결국 살인까지 저지른다.

인간은 선한 존재일까, 악한 존재일까?

***

소설가 로버트 밸런타인이 1858년 발표한 《산호섬》이라는 작품에는 세 명의 주인공이 등장한다. 모험심이 넘치는 랠프, 현명

하고 책임감이 강한 잭, 그리고 피터킨 게이다. 《산호섬》은 이들이 무인도에서 겪는 모험을 처음부터 끝까지 밝고 활기차게 풀어낸다. 《파리대왕》은 《산호섬》을 비틀어 인간 본성을 어둡고 냉혹하게 재조명한 패러디다. 《파리대왕》의 주인공 이름인 랠프와 잭도 《산호섬》에서 가져왔다.

윌리엄 골딩은 인간 내면에 자리 잡은 선과 악의 충돌을 탐구했다. 인간에게는 규범을 따르고 평화롭게 살면서 도덕과 선을 추구하려는 마음이 있는가 하면, 반대로 남을 짓밟고 전체를 위해 개인의 희생을 강요하는 마음도 있다. 골딩은 문명적 가치와 질서라는 외피 속에 감춰진 사회의 추악함을 폭로하며 사회의 결함이 인간 내면의 야만성과 폭력성에서 비롯한다고 보았다.

잭은 괴물을 달래려고 창에 돼지머리를 꽂아 제물로 바친다. 파리 떼가 우글거리는 '파리대왕', 즉 부패한 돼지머리는 사이먼에게 말한다. "나는 너희 속에 있다. 네가 어디에 있든 나는 너와 함께 있다. 나는 모든 것을 망쳐 놓을 것이다." 골딩은 2차 세계대전을 회고하며 "꿀벌이 꿀을 생산하듯 인간은 악을 낳는 존재일 뿐 아니라 인간이라는 끔찍한 질병으로 고통을 겪는 존재"라고 말했다. 인간이 외부 조건이나 환경 때문에 악해지는 것이 아니라 내면에 이미 악을 품고 있다는 뜻이다.

골딩은 가장 무서운 존재가 야수도 괴물도 귀신도 아닌 인간이라고 봤다. 그러나 무인도에 표류한 소년들은 정체 모를 괴물을 두려워하면서도 정작 가장 무서운 존재가 인간이라는 사실을 알지 못한다. 그렇다면 폭력성은 정말 인간의 본성일까? 인간은 선한 존재일까, 악한 존재일까? 아니면 선하지도 악하지도 않은 존재일까?

성악설과 성선설에 대해 이야기해 보자. 정치 철학자 토머스 홉스는 《리바이어던》에서 "인간의 삶은 고독하고 가난하고 추악하며, 야만적이고 짧다"라고 했다. 또한 인간은 자연 상태가 되면 모든 사람이 생명의 위협을 느껴야 하는 '만인에 대한 만인의 투쟁'을 벌인다고도 했다. 반면 사상가 장 자크 루소는 《인간 불평등 기원론》에서 인간은 본래 선한 존재인데 문명과 사회 제도가 인간을 경쟁 상태로 내몰아 악하게 만든다고 주장했다. 동양에서는 맹자가 성선설을, 순자가 성악설을 제시했다.

경험주의 철학자 존 로크는 성악설이나 성선설과 다른 관점으로 인간의 본성을 바라본다. 로크는 인간의 마음을 순백의 종이에 비유한다. 인간은 본래 선하지도 악하지도 않으며 아무것도 그려지지 않은 백지로 태어나 주변 환경과 상호작용 하며 내면을 채워 나간다고 설명한다. 즉, 선악은 개인이 처한 환경과 그 속에서 내린 선택에 달려 있다는 뜻이다. 비슷한 맥락에서 동양의 사상가 고자는 성무선악설을 제시했다. 이에 따르면 인간 본성은 본래 선하지도 악하지도 않으며 선악은 교육과 수양에 따라 달라진다.

폭력이 본성인지에 대해서는 논란이 많지만, 한 가지 확실한 것은 폭력이 사회적으로 학습된다는 사실이다. 우리는 일상에서 다양한 폭력을 경험하고 이를 내면화하면서 성장한다. 아이들에게 총, 칼, 탱크, 전투기 같은 무기가 장난감이라는 이름으로 아무렇지 않게 주어진다. 이는 폭력이 놀이, 심지어 문화로 위장되는 현실을 보여 준다. 결국 폭력은 악을 조장하고 부추기는 문화적 요인과 무관하지 않다.

선과 악은 고정되어 있지 않다고?

***

작품 밖에서 확인한 진실은 놀랍게도 소설과 정반대였다. 《휴먼카인드》의 저자 뤼트허르 브레흐만은 《파리대왕》에서 그려진 일이 현실에서도 가능할지 의문을 품고 유사한 사례를 찾아 나섰다. 그는 1965년 통가에서 벌어진 비슷한 사건을 발견하고 생존자들을 만나 인터뷰했다. 《파리대왕》에서는 아이들끼리 서로 죽이며 파멸로 치닫지만 통가의 아이들은 스스로 만든 규칙을 지키며 서로를 돌보다 15개월 만에 극적으로 구조되었다.

지난 수십 년은 인류 역사상 가장 평화로운 시기였다. 농업 사회 초기에는 인간의 폭력으로 인한 사망률이 전체 사망률의 15퍼센트나 차지했지만 20세기에는 5퍼센트로 낮아졌고 지금은 1퍼센트에 불과하다. 진화심리학자 스티븐 핑커 또한 현대가 인류 역사에서 가장 덜 폭력적인 시대라고 평가했다. 피살자가 줄어든 만큼 인간 본성이 선해진 것일까? 스티븐 핑커는 인간에게는 천사와 악마가 공존하는데 어떤 성향이 우위에 서느냐는 사회적 환경에 달렸다고 설명한다. 국가의 등장, 문명화, 계몽주의의 확산 덕분에 폭력이 감소했다고 분석한다.

선과 악은 고정된 것이 아니다. 사람은 상황에 따라 선하게 행동하기도 하고 악하게 행동하기도 한다. 문제는 썩은 사과가 아니라 사과를 담고 있는 썩은 상자다. 썩은 상자에 담기면 멀쩡한 사과도 금세 썩고 만다. 파리대왕의 말처럼 괴물은 우리 안에 산다. 평소에는 마음속 지하실 깊은 곳에 숨어 있지만 상황과 조건이 갖춰지면 정체를 드러낸다. 우리의 이성은 그리 단단하지 않다. 조금만 압력을 가하면 터져 버리는 풍선과 같다.

심리학자 댄 애리얼리가 들려주는 이야기는 시사하는 바가 크다. 어느 날 한 대학생이 집 열쇠를 분실해 열쇠 수리공을 불렀다. 열쇠 수리공은 순식간에 자물쇠를 풀었다. 열쇠 수리공이 자물쇠를 쉽게 풀 수 있다면 도둑도 마찬가지 아닐까? 사실 자물쇠는 훔치기를 마음먹은 사람의 도둑질을 막는 장치가 아니라 평범한 사람의 도둑질을 막는 장치다. 1퍼센트의 사람은 어떤 상황에서도 양심적으로 행동한다. 그리고 1퍼센트는 아무리 좋은 환경에서 자라도 비양심적으로 행동한다. 나머지 98퍼센트는 상황에 따라서 왔다 갔다 한다. 자물쇠는 이 98퍼센트의 사람이 도둑이 되지 않도록 막는 장치다.

이 작품의 배경인 무인도는 문명의 자취를 찾아볼 수 없는 공간이다. 사회적 관습과 규범에 가려진 인간의 민낯이 적나라하게 드러나는 장소다. 비슷한 관점에서 맹자는 제자인 고자에게 인간 본성을 풍년과 흉년을 예로 들어 설명했다. 맹자는 풍년에는 사람들이 선량하게 행동하지만 흉년에는 포악해진다고 말한다.

《파리대왕》에 나오는 아이들도 상황에 따라 돌변하기는 마찬가지다. 잭이 피기의 배를 주먹으로 치고 얼굴을 때려 안경을 깨뜨린 다음 울부짖는 모습을 흉내 내고 조롱할 때 랠프는 자기도 모르게 따라 웃고 만다. 섬을 탈출해 원래 세계로 돌아가자 아이들은 다시 온순한 어린이가 된다. 해군 장교가 대장이 누구냐고 묻자 랠프는 자신이라고 대답한다. 잭은 순간 한 발짝 앞으로 나서려다 마음을 바꿔 가만히 있는다. 섬에서는 폭력적으로 행동했지만 섬에서 탈출하자 사회의 질서에 금세 순응한다.

아이들이 처음부터 폭력적이었던 것은 아니다. 절망과 불안이 가중될수록 공포가 커졌고, 그 공포 때문에 폭력 집단의 우두머리에게 자석처럼 빨려 들었다. 정체 모를 괴물은 우리 마음속 공포를 상징한다. 사실 괴물의 실체는 나뭇가지에 낙하산이 걸려 죽은 비행기 조종사였다. 공포에 짓눌린 아이들은 이를 괴물로 오인한다. 섬 전체를 지옥으로 만든 것은 결국 공포였다.

사회가 폭력을 낳는다고?

***

학교 폭력이 가장 많이 발생하는 장소는 어디일까? 사람들은 학교 폭력이 주로 후미진 곳에서 발생한다고 생각한다. 그러나 관련 자료를 찾아보면 뜻밖에도 학교 폭력은 아주 다양한 장소에서 벌어진다. 게다가 공원처럼 구석지지 않은 장소에서 더 많이 발생한다. 〈학교 폭력으로부터 안전한 중학교 환경 계획에 관한 연구〉라는 논문에 따르면 학교 폭력은 교실, 복도, 화장실 순으로 많이 발생한다. 이는 학교 폭력이 일상에서 만연하게 벌어진다는 사실을 보여 준다.

학교 폭력 가해자들은 어쩌다 폭력을 저지르게 되었을까? 본성이 악해서일까? 개인의 본성에서 원인을 찾으면 문제 해결은 쉽다. 가해자만 처벌하면 그만이기 때문이다. 그러나 문제를 되풀이하지 않기 위해서는 폭력을 조장하는 배경도 함께 살펴야 한다. 개인을 처벌하더라도 집단 내 폭력은 완전히 사라지지 않는다. 처벌도 중요하지만, 폭력이 만연한 사회를 바로잡는 일도 동시에 이루어져야 한다. 그렇지 않으면 본질을 놓칠 수 있다.

특이하고 유별나서 따돌림을 당하는 게 아니다. 서양 속담에는 "원숭이 우리 속의 돼지"라는 말이 있다. 원숭이 우리에 돼지를 넣으면 원숭이끼리 싸우는 일이 눈에 띄게 줄어든다. 화나는 일이 있으면 돼지에게 화풀이하기 때문이다. 돼지가 괴롭힘을 당하는 건 잘못해서가 아니다. 잘못이라면 원숭이 우리에 던져진 것뿐이다. 따돌림을 당하는 피해자는 우연히 그 공간에 있었을 뿐이다.

교실은 평화로운 공간이 아니다. 학업 경쟁이 주는 스트레스는 교실을 적의로 채운다. 서로를 향한 적대는 약한 이에게 집중된다. 켄 로치 감독의 〈나의 올드 오크〉에는 이런 대사가 나온다. "삶이 힘들 때 우리는 희생양을 찾아. 절대 위는 안 보고 아래만 보면서 우리보다 약한 자를 비난해. 약자의 얼굴에 낙인을 찍는 게 더 쉬우니까."

사회가 모두를 무한 경쟁으로 내몰고 있다. 학교 역시 성장과 배움을 위한 공간이 아니라 오직 대학을 가기 위한 입시 양성소로 전락했다. 1982년 독일에서 '올해의 단어'로 뽑힌 '팔꿈치 사회'가 바로 우리의 현실이다. 옆 사람을 팔꿈치로 밀치며 앞서 나가야만 살아남을 수 있다고 믿는 경쟁 사회다. 무한 경쟁의 분위기 속에서 청소년들은 지속적으로 차별과 배제, 무시를 경험한다.

성적으로 경쟁하는 문화는 수많은 서열 문제를 부추긴다. 학교가 학생을 공부로 서열화하고, 그 서열에서 배제된 아이들은 온갖 것들로 다시 서열을 만들어 폭력을 일삼는다. 서열의 끝에 있는 아이들은 폭력과 괴롭힘의 희생양이 된다. 어른들이 초래한 결과다. 초등학생의 건강을 체크해 주는 한 앱에서 아이들의 신체 정보에 점수를 부여하고 '성장 랭킹'이라는 이름으로 등수를 매긴 적이 있다. 사소한 해프닝 같지만 서열 의식이 얼마나 뿌리 깊은지 보여 준다. 거의 모든 것이 서열의 땔감이 되고 있다. 어린이와 청소년들이 서열 의식을 내면화할 수밖에 없는 현실이다.

학교는 사회의 축소판이다. 학교 폭력은 사회의 폭력성을 되비춘다. 이때의 폭력은 폭행이나 살인 같은 범죄만을 가리키는 게 아니라 차별 같은 사회적 폭력을 포함한다. 강자가 약자를 억압하고 착취하는 세상, 정의가 승리하는 게 아니라 승리하는 것이 정의가 되는 세상에서 청소년들만 멀쩡하기를 바랄 수는 없다. 학교 폭력은 사회의 폭력이 학교로 스민 결과다.

학교라는 작은 공동체는 사회라는 큰 공동체에 속해 있다. 작

은 공동체가 큰 공동체의 영향을 받는 건 당연하다. 청소년들이 병들어 있다면 그건 사회 탓이지 청소년들 책임은 아니다. 병든 사회가 청소년을 병들게 한다. 학교 폭력도 문제지만 폭력적인 사회가 더 큰 문제라는 점을 기억해야 한다.

월리엄 골딩(1911~1993)

인간 본성에 대한 집요한 탐구

파리대왕과 반지의 제왕

《파리대왕》과 《반지의 제왕》은 1950년대 영국을 대표하는 소설이다. 공교롭게도 두 작품 모두 1954년에 출간되었다. 영어 제목도 비슷하다. 'The Lord of Flies'와 'The Lord of the Rings'로 단어 하나만 다르다. 한쪽이 따라 한 것 아니냐는 의심이 들지만 우연의 일치일 뿐이다.

두 소설 모두 2차 세계 대전 때 구상되었으며 전쟁의 상처를 고스란히 담고 있다. 서로 다른 배경과 인물을 통해 인간의 본성, 문명과 야만 사이의 투쟁이라는 공통된 주제를 탐구한다.

전쟁터에서 발견한 인간의 폭력성

윌리엄 골딩은 2차 세계 대전이 발발하자 영국 해군에 입대했다. 그는 전쟁의 참혹함을 경험하고는 인간의 본성에 깊은 회의를 느꼈다. 참전하기 전에는 인간의 이성과 합리적 사고를 믿었다. 그러나 전쟁을 경험하면서 이 믿음은 완전히 무너졌다.

골딩은 우울증과 알코올 의존증을 앓았다. 그는 "나는 나치를 이해할 수 있다. 왜냐하면 내 본성도 그들과 다르지 않기 때문이다"라고 고백했다. 《파리대왕》은 이러한 자각에서 비롯한 작품이다.

파리대왕의 의미

파리대왕은 더운 날씨에 부패해 파리 떼로 뒤덮인 돼지머리를 뜻한다. 이는 '바알제붑'이라는 히브리어를 번역한 표현이다. 〈마태복음〉 12장 24절에 이 낱말이 나오는데, 직역하면 '파리 떼의 왕'이고 속뜻은 '마귀들의 우두머리'다.

성경에는 유일신 여호와 하나님에게 맞선 농경신 바알이 등장한다. 유대인들이 이집트에서 탈출할 수 있도록 이끈 모세는 시나이산에서 하나님으로부터 십계명을 받는다. 그런데 그 시간에 산 아래에서는 유대인들이 금송아지 신상을 만들어 자신들을 이집트에서 구출한 신이라며 축제를 벌인다. 그 신이 바로 바알이다. 바알 숭배자들은 바알을 '바알즈불'이라고 불렀다. '높은 거처의 주인'이라는 뜻이다.

이후 바알 신앙을 적대시한 유대인은 '바알즈불'이라는 이름을 그대로 쓰지 않고 발음이 비슷한 '즈붑(파리)'으로 고쳐 '바알즈붑'이라고 불렀다. 시간이 흘러 '바알즈붑'이 '바알제붑'으로 발음이 변한다. 그러니 '파리대왕'은 이단을 뜻하는 동시에 신에게 맞선 존재라는 의미에서 악마를 뜻하기도 한다. 소설 제목이 《파리대왕》인 이유는 인간 내면에 숨어 있는 악마를 탐구하기 때문이다.

중독
노름꾼
표도르 도스토예프스키

알렉세이는 퇴역 장군 가문의 가정 교사다. 장군의 수양딸 폴리나를 사랑하지만, 그녀는 그를 거들떠보지도 않는다. 어느 날 장군의 할머니가 찾아와 그를 데리고 도박장에 간다. 그는 신들린 듯 베팅에 성공해 20만 프랑이라는 큰돈을 따는데……

현실에서 도피하지 않으려면
어떻게 해야 할까?

가정 교사가 도박꾼이 됐다고?

***

외국 여행을 하던 퇴역 장군 가족은 라인 강변에 위치한 가상 도시 룰레텐부르크(Roulettenburg)에 머문다. 도박의 일종인 룰렛(roulette) 게임에서 착안한 듯한 이 이름은 앞으로 이곳에서 어떤 일이 벌어질지 암시한다. 그들은 가정 교사에게 임금도 제때 주지 못하고 프랑스인 후작 드 그리외에게 돈을 빌려 재산이 저당 잡힌 상태인데도 불구하고 부유한 귀족인 척 행동한다. 장군은 같은 호텔에 묵는 프랑스 여인 블랑슈에게 호감을 느끼고, 블랑슈의 마음을 얻기 위해 열심히 돈을 쓴다. 사치스러운 그녀와 사귀면서 빚이 점점 늘어나지만 크게 걱정하지 않는다. 부자 할머니가 죽고 나면 막대한 유산을 상속받을 예정이기 때문이다. 장군은 할머니의 건강 상태를 감시하면서 할머니가 죽을 날만 기다린다.

알렉세이 이바노비치는 퇴역 장군 가문의 가정 교사다. 장군의 한심한 모습에 일을 그만두고 싶지만 장군의 수양딸인 폴리나 곁에 머무르려면 그럴 수 없다. 알렉세이는 폴리나를 위해서라면 무엇이든 할 수 있다고 맹세한다. 하지만 폴리나는 알렉세이에게 관심이 없어 보인다. 영국인 사업가 미스터 에이슬리와 드 그리외 후작도 그녀에게 호감을 품는다. 알렉세이는 돈 많고 신분 높은 사람들 사이에서 자신이 변변찮다고 느낀다.

어느 날 부자 할머니가 하녀들을 거느리고 룰레텐부르크 호텔로 들이닥친다. 할머니가 죽기만을 기다리는 장교의 기대와 달리 아주 건강한 모습이었다. 쩌렁쩌렁한 목소리를 자랑하며 나타난 할머니 앞에서 장군은 쩔쩔맨다. 그녀의 유산을 바라던 블랑슈도 마찬가지다.

할머니는 룰렛을 구경하고 싶다며 알렉세이에게 도박장으로 안내해 달라고 하더니, 룰렛 판으로 돌진해 미친 듯이 베팅한다. 처음에는 운이 따르는 듯 보였지만 욕심이 커질수록 연패를 거듭한다. 장교는 그 모습을 지켜보며 할머니가 전 재산을 날릴까 봐 전전긍긍한다. 할머니에게 신임을 얻은 알렉세이에게 할머니가

베팅을 못 하게 해 달라고 사정하기도 하고, 심지어 경찰을 부르
겠다며 필사적으로 말려 보지만 아무 소용이 없다.

할머니는 룰렛에 빠져 며칠 만에 10만 루블이라는 큰돈을 날
린다. 가지고 온 돈을 몽땅 잃은 할머니는 영국인에게 집으로 돌
아갈 삯을 빌려 모스크바로 떠난다. 장군은 절망의 구렁텅이로
떨어진다. 막대한 유산이 사라지면 그의 계획이 모두 수포로 돌
아가기 때문이다.

한편 폴리나에게 큰돈이 필요하다는 사실을 알게 된 알렉세
이는 돈을 구하기 위해 도박을 한다. 신들린 사람처럼 베팅에 성
공해 몇 시간 만에 20만 프랑이라는 큰돈을 딴다. 애당초 필요한
돈보다 네 배나 많은 돈이었다. 전대미문의 사건으로 도박장이
발칵 뒤집히고 알렉세이는 전설의 도박꾼 명부에 이름을 올린다.

알렉세이는 어쩌다 도박에 빠졌을까?

***

모자와 주머니에 금화와 화폐 뭉치를 쑤셔 넣고 호텔 방으로
돌아온 그는 폴리나에게 5만 프랑을 건넨다. 폴리나는 돈이 필요
했지만 자존심이 강해 돈을 거절하고 그의 곁을 떠난다. 그녀는
그를 경멸스럽게 쳐다보며 이렇게 말한다. "당신은 나를 돈으로

계산해서 사려고 하는 것 같군요. 만약 당신이 돈으로 나를 사지 않는다면 당신은 돈으로 나의 존경심을 사려고 하는 거예요.”

장군이 유산을 상속받기는 글렀다고 판단한 블랑슈는 장군과 헤어지고 알렉세이에게 접근한다. 두 사람은 함께 파리로 간다. 블랑슈는 그곳에서 흥청망청 돈을 쓴다. 결국 도박으로 번 돈 중에서 10만 프랑이 블랑슈의 손에 넘어간다. 알렉세이는 나머지 10만 프랑을 가지고 생활하지만 3주 만에 모두 탕진한다. 블랑슈의 낭비벽으로 빚을 진 그는 결국 감옥까지 다녀온다.

블랑슈는 프랑스로 따라온 장군과 결혼하고, 알렉세이는 계속해서 도박장을 전전한다. 그는 도박과 거리가 먼 사람이었고, 할머니가 돈을 잃을까 봐 말리기까지 했다. 그랬던 그가 한번 큰돈을 따고 나자 구제 불능의 노름꾼으로 전락하고 만다.

“이쯤 해서 자리를 떴어야 했는데 나는 어쩐지 이상한 느낌이 들었다. 운명에 도전하고 싶은 생각이 들었고 또 그녀를 혼내 주고 약 올려 주고 싶은 욕구 같은 것이 생겨난 것이다.” 도박을 통해 운명에 도전한다고 그럴듯하게 표현했지만, 그는 운명에 도전한 것이 아니라 자신의 삶을 운명에 떠맡겼을 뿐이다. 폴리나를 위해서라면 누군가를 죽일 수도 있다고 맹세했던 그는 도박에 빠지면서 완전히 다른 사람이 된다. 카지노가 지불하기 어려울 정도로 큰돈을 딴 순간, 사랑은 뒷전으로 밀려났다.

함부르크에 간 알렉세이는 우연히 미스터 에이슬리를 만난다. 한때 그를 시기했던 알렉세이는 오랜만에 만난 에이슬리에게 생각지 못한 진실을 듣게 된다. 자신을 경멸했던 폴리나가 진정 사랑한 사람은 바로 알렉세이 자신이었으며 그녀가 할머니에게 엄청난 유산을 물려받았다는 이야기였다.

에이슬리는 알렉세이에게 10루이도어를 건넨다. 고향 러시아로 돌아가거나 폴리나가 있는 스위스로 가서 새로운 삶을 시작할 기회가 주어진 셈이다. 그러나 도박에 완전히 중독된 그는 한 치의 망설임도 없이 도박장으로 향한다. 20만 프랑이라는 큰돈을 땄던 영광을 다시 맛보고 싶었다. 끝내 도박의 늪에서 벗어나지 못한 것이다.

청소년들도 도박에 빠진다고?

***

뇌에는 보상 회로가 있다. 힘든 일을 참고 꾸준히 해서 무언가를 성취했을 때 만족감을 느끼도록 작동하는 것이 바로 보상 회로다. 여러 신경 전달 물질이 보상 회로에 관여하지만 그중에서도 도파민이 기분에 가장 큰 영향을 미친다. 도파민의 작동 원리는 이러하다.

> 어떤 행위를 한다 ▶ 도파민이 분비된다 ▶ 짜릿하다
>
> ▶ 짜릿함을 다시 느끼고 싶다 ▶ 앞선 행위를 반복한다

뇌는 생존을 위해 도파민을 분비한다. 음식 섭취나 사회적 활동처럼 생존에 도움이 되는 행동에 만족감, 즐거움, 편안함 등 적절한 보상을 줌으로써 인간이 그 행동을 계속하도록 동기를 부여한다. 우리가 밥을 먹고 연애를 하고 사람을 만나는 것은 그 행위들로 도파민이 분비되면서 만족감을 느끼기 때문이다.

한번 강한 쾌감을 느낀 뇌는 보상 회로를 자극하는 대상을 더욱 원하게 된다. 만약 보상 회로를 제 손으로 자극할 수 있다면 어떻게 될까? 1950년 맥길대학의 심리학자 제임스 올즈와 피터 밀너는 쥐의 뇌에 전기 막대기를 꽂아 실험을 진행했다. 그들은

쥐가 스위치를 눌러 스스로 보상 회로를 자극할 수 있도록 했다. 일종의 도파민 스위치인 셈이다. 쥐들은 먹지도 쉬지도 않고 온종일 스위치만 눌러 댔다. 어떤 쥐는 한 시간에 7,000번까지 스위치를 눌렀다.

도박은 중독의 원조다. 도박이 중독성이 강한 이유는 운에 따라 성패가 갈리고 돈이 걸려 있기 때문이다. 미국 라스베이거스의 카지노 호텔 1층에는 슬롯머신이 가득하다. 레버를 당기거나 버튼을 누르면 숫자와 그림이 그려진 원통이 빠르게 회전한다. 같은 모양이 페이 라인(상금 선)에 걸치면 돈을 주는 간단한 게임이다. 슬롯머신은 카지노 수입의 70~80퍼센트를 차지할 정도로 많은 돈을 벌어다 준다.

슬롯머신을 컴퓨터 게임과 비교하면 초라하기 짝이 없다. 규칙도 단순하고 화면도 촌스럽고 조잡하다. 사람들은 왜 이렇게 재미없는 게임에 집착할까? 슬롯머신이 중독성이 강한 이유는 불규칙한 보상에 있다. 슬롯머신에 쓴 돈은 큰돈이 되어 되돌아올 수도 있고 말짱 꽝이 될 수도 있다. 슬롯머신이 언제쯤 내게 큰돈을 안겨 줄지 전혀 알 수 없다. 결과를 쉽사리 예측할 수 없다는 점은 참여자에게 더 큰 흥미와 자극을 제공한다. 뇌는 확실한 보상보다 간헐적이고 불확실한 보상에 더 많은 도파민을 분비한다. 사람들이 계속 슬롯머신 버튼을 누르는 이유다.

전 세계에서 16억 명이 넘는 사람이 도박을 한다. 세계 인구의 약 20퍼센트다. 2022년 기준 우리나라의 합법적인 도박 시장 규모는 약 23조 원이다. 불법 도박 시장의 규모는 약 102조 7,000억 원에 달한다. 삼성전자의 반도체 매출액보다 더 큰 액수다. 그중 청소년이 쉽게 접하는 온라인 도박은 약 37조 5,000억 원을 차지한다.

최근 청소년 도박이 사회적 문제로 떠오르고 있다. 도박을 시작하는 나이가 점점 어려진다는 점이 문제다. 10여 년 전에도 도박에 중독된 청소년이 있었지만 문제가 심각하지는 않았다. 그런데 지금은 중학생, 심지어 초등학생도 도박을 한다.

여성가족부가 2023년 전국 중·고등학교 1학년 학생 약 88만 명을 조사한 결과 불법 온라인 도박 위험군이 2만 8,000여 명인

것으로 집계됐다. 중학교 1학년은 1만 6,000여 명, 고등학교 1학년은 1만 2,000여 명이었다. 2022년 청소년 도박 실태 조사에서도 초(4~6학년)·중·고등학생 가운데 4.8퍼센트인 약 19만 명이 도박 문제 위험군으로 나타났다. 조사하지 못한 청소년까지 계산한다면 더 많으리라 예상된다. 한국도박문제예방치유원에서 도박 중독 상담을 받은 청소년은 2017년 503명에서 2024년 2,665명으로 늘어났다.

최근 스마트폰과 SNS의 보급으로 누구나 쉽게 온라인 도박에 접근할 수 있는 환경이 되었다. 문제는 도박 업체들이 노골적으로 청소년을 노리고 있다는 점이다. 그들은 무료 콘텐츠 사이트나 불법 웹툰 사이트 등에 배너 광고를 게재하거나 귀여운 캐릭터를 활용한 신종 도박을 개발해 청소년을 유혹한다. 이들 도박 서비스가 청소년들 사이에서 온라인 게임 같은 놀이 문화로 인식되며 빠르게 퍼지고 있다. 또래 집단을 통해 쉽게 접근할 수 있다는 점도 문제다. 청소년은 인터넷뿐만 아니라 친구나 선배 등을 통해서도 온라인 불법 도박을 접한다. 청소년이 도박 사이트에 쉽게 유입되는 이유로 '지인 추천 이벤트'가 꼽힌다. 사이트에 지인을 가입시키면 수당(온라인 머니)을 지급하는 방식으로 청소년을 끌어들인다.

로또 구매에 연령 제한이 없다면 로또 판매점은 등하교하는 아이들로 날마다 문전성시를 이룰지 모른다. 돈을 쉽고 편하게 많이 벌겠다는 욕망 앞에 불법, 중독, 폐인(廢人) 같은 말이 주는 공포는 대수롭지 않게 여겨진다. 온라인 도박은 언제 어디서나 접근할 수 있다는 점에서 더 위험하다. 장소에 구애받지 않고 접근할 수 있기 때문에 중독으로 이어질 확률이 높다.

불행할수록 중독에 취약하다고?

***

즐거운 행위 ▶ 과도한 탐닉 ▶ 중독

사람들이 쉽게 떠올리는 중독의 작동 방식이다. 게임을 즐기다가 어느 순간부터 과도하게 탐닉하고 결국 게임에 중독된다고 생각한다. 그런데 즐거운 행위를 자주 한다고 해서 모두가 중독되는 것은 아니다. 게임을 즐기지만 중독되지 않는 사람도 많다. 그들은 게임을 하고 싶을 때는 하고, 멈춰야 할 때는 멈추며, 게임을 하지 않을 때는 친구와 잘 어울린다. 같은 게임을 하더라도 어떤 사람은 즐기는 데서 그치고 어떤 사람은 중독되는 까닭이 뭘까?

중독의 작동 방식에서 놓친 부분이 바로 '불행한 상황'이다. 불행은 좌절, 갈등, 절망, 불안, 외로움, 트라우마 등 사람마다 다른 얼굴을 하고 있다. **불행한 현실에서 벗어나고 싶어 하는 사람들이 중독에 취약하다.** 아무리 열심히 공부해도 부모의 기대에 부응할 수 없다는 생각에 사로잡힌 청소년이 게임에 빠지면 중독되기 쉽다. 게임에 몰두하면 절망감을 잊을 수 있기 때문이다.

스마트폰을 예로 들어 보자. 스마트폰은 이용자가 원할 때마다 뇌의 보상 회로를 자극할 수 있는 기기다. 그렇지만 모두가 스마트폰에 빠져 사는 건 아니다. 삶이 충분히 즐거운 사람은 굳이 스마트폰에서 즐거움을 찾지 않을지도 모른다. 가령 가족과 잘 지내고 좋은 친구가 곁에 있다면 중독 위험은 줄어든다. 거기다 하는 일이 즐겁고 좋아하는 취미 생활을 언제든지 할 수 있다면 중독 위험은 더 줄어든다.

흔히 '절제'가 중독의 반대말이라고 생각한다. 그러나 중독의 진짜 반대말은 '관계' 아닐까? 친구 대신 물질을 선택하고 관계와 고립을 맞바꾸는 외로운 사회에서 중독은 증가할 수밖에 없다. 정신적 고통이나 삶의 압박감으로 타인과 교류하기 어려운 사람일수록 위로받고자 무언가를 갈구한다. 그래서 술, 도박, 성 착취물, 마약, 게임 등에 빠진다. 중독되기 위해 탐닉하는 사람은 없다. 잠깐의 위로에 기대려다가 어느 순간 중독되고 만다.

중독을 치유하기 위해서는 관계를 회복하는 일이 먼저다. 인간에게는 사람들과 잘 어울리고 싶은 욕구가 있다. 관계에서 오는 결핍이 충족되면 중독에 빠질 가능성도 낮아진다. 해로운 유대에서 벗어나는 길은 건강한 유대를 형성하는 것뿐이다.

중독은 대상에 매몰되어 내가 사라지기 때문에 위험하다. 몰입하는 사람은 자아를 잃지 않지만, 매몰된 사람은 자아를 잃어버린다. 중독된 사람의 머릿속에는 오로지 중독 대상만 있다. 중독자들은 중독 대상을 제외하고는 가족, 친구, 일상, 건강, 취미 같은 소중한 것들도 의미 없다고 여긴다. 그 결과 삶 전체를 잃어버리고 만다.

중독은 흑백 TV와 같다. 흑백 TV 속 세상에는 흑과 백만 있지만 실제 세상은 다채로운 색깔로 가득하다. 게임에 중독된 사

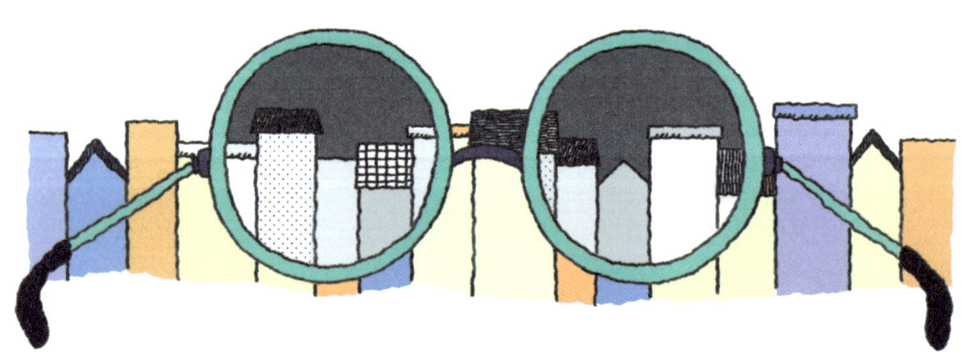

람은 오직 두 가지만 존재하는 세상에 산다. 바로 '게임'과 '게임이 아닌 것'만 있는 세상이다. 다채로운 세상을 흑백으로만 본다면 너무 불행하지 않을까? '중독 대상'과 '중독 대상이 아닌 것'만 존재하는 세상은 서글프다.

도박에 빠진 소설가

도박에 사로잡힌 천재

위대한 소설가이자 비평가, 사상가, 예언가로 불린 표도르 도스토예프스키에게는 또 다른 얼굴이 있다. 그를 몰락의 구렁텅이로 빠뜨린 도박꾼의 얼굴이다.

1863년 그는 독일의 온천 휴양 도시 비스바덴에 위치한 카지노에 들렀다. 온천에 쉬러 온 귀족들은 남아도는 시간에 도박을 즐겼다. 그도 잠깐 머리를 식힐 겸 룰렛 테이블을 기웃거렸다. 행운인지 불행인지 거금을 따면서 중독의 늪에 빠져들었다.

1872년 《악령》을 집필할 당시 그의 도박 중독은 통제 불능의 상태에 이르렀다. 도박으로 재산을 탕진한 그는 지인들에게 돈을 빌리기 위해 이런 편지를 수도 없이 썼다. "수중에 돈이 한 푼도 없소. 아침과 저녁을 차로 때우며 지낸 지 벌써 사흘 되었소."

기적처럼 나타난 속기사

1865년 도스토예프스키는 함께 잡지를 발행하던 친형이 세상을 떠나면서 형의 빚까지 떠안게 되었다. 채권자들의 독촉에 시달리던 그는 여러 출판사에 선금을 요청했지만, 돌아온 건 하나같이 냉담한 거절뿐이었다. 그때 야비하기로 소문난 출판업자 스텔롭스키가 3,000루블이라는 거금을 선금으로 제안했다. 돈이 급했던 그는 조건을 따질 겨를도 없이 계약서에 서명했다. 계약 조건은 충격적이었다. "1866년 11월 1일까지 완성된 원고를 완성하지 못하면 이미 출간한 작품과 향후 9년간 집필할 작품의 판권과 인세 전부를 출판사에 넘겨야 한다."

그러나 소설은 구상 단계에서 시작도 못했다. 절망에 빠진 그때 구원자가 나타났다. 바로 안나 스니트키나다. 안나의 신속하고 정확한 속기 솜씨 덕분에 일은 순조롭게 진행됐다. 《노름꾼》은 도스토예프스키가 안나에게 구술한 내용을 바탕으로 26일 만에 탄생한 작품이다. 그는 마감일 하루 전에 원고를 넘겨 위기에서 벗어날 수 있었다. 안나의 열정은 도스토예프스키에게 깊은 인상을 남겼고, 이들은 서로를 사랑하게 되었다. 안나를 만나 도박 중독이 누그러든 도스토예프스키는 《죄와 벌》을 시작으로 《카라마조프 가의 형제들》까지 5대 장편을 써냈다.

빚더미 속에서 발견한 빛

도스토예프스키는 재정적 압박 때문에 글쓰기를 멈출 수 없었다. 당시 러시아 출판 업계는 글자 수대로 원고료를 책정했기 때문에 한 줄이라도 더 길게 쓰려고 애를 썼다. 이는 소설 분량이 늘어나는 결과로 이어졌다. 《죄와 벌》은 천 페이지 가까이 되고 《백치》 《악령》 《카라마조프 가의 형제들》은 천 페이지를 훌쩍 넘는다. 《죄와 벌》과 《카라마조프 가의 형제들》을 제외한 나머지 작품은 모두 퇴고를 거치지 않았다. 빚과 마감에 쫓겨 퇴고할 여유조차 없었기 때문이다. 방대한 분량의 대작들이 퇴고 없이 나온 작품이라는 사실이 놀라울 따름이다.

| 참고문헌 |

《경쟁에 반대한다》, 알피 콘, 이영노 옮김, 민들레, 2019

《꽃들에게 희망을》, 트리나 폴러스, 김석희 옮김, 시공주니어, 2017

《나와 시험능력주의》, 구정은, 너머학교, 2023

《나의 사랑은 나비처럼 가벼웠다》, 유하, 문학동네, 2022

《낭만적 거짓과 소설적 진실》, 르네 지라르, 김치수·송의경 옮김, 한길사, 2001

《노름꾼》, 표도르 도스토예프스키, 이재필 옮김, 열린책들, 2010

《느낌의 0도》, 박혜영, 돌베개, 2018

《달과 6펜스》, 서머싯 몸, 송무 옮김, 민음사, 2000

《데미안》, 헤르만 헤세, 전영애 옮김, 민음사, 2009

《리바이어던》, 토마스 홉스, 하승우 옮김, 풀빛, 2007

《마담 보바리》, 귀스타브 플로베르, 김화영 옮김, 민음사, 2000

《모모》, 미하엘 엔데, 한미희 옮김, 비룡소, 1999

《미하엘 엔데의 글쓰기》, 미하엘 엔데, 김영란 옮김, 글항아리, 2022

《변신·시골의사》, 프란츠 카프카, 전영애 옮김, 민음사, 1998

《사랑의 쓸모》, 이동섭, 몽스북, 2022

《산호섬》, 로버트 밸런타인, 이원주 옮김, 파랑새어린이, 2005

《삶을 위한 철학수업》, 이진경, 문학동네, 2013

《서머싯 몸을 읽다》, 김지용, 휴머니스트, 2023

《소유냐 존재냐》, 에리히 프롬, 차경아 옮김, 까치, 2020

《수레바퀴 아래서》, 헤르만 헤세, 김이섭 옮김, 민음사, 2001

《신화와 인생》, 조지프 캠벨·다이엔 K. 오스본, 박중서 옮김, 갈라파고스, 2009

《어린 왕자》, 앙투안 드 생텍쥐페리, 황현산 옮김, 열린책들, 2015

《에크리》, 자크 라캉, 홍준기 외 옮김, 새물결, 2019

《엔데의 유언》, 카와무라 아츠노리·그룹 현대, 김경인 옮김, 갈라파고스, 2013

《예브게니 오네긴·대위의 딸》, 알렉산드르 푸시킨, 최선 옮김, 민음사, 2023

《인간 불평등 기원론》, 장 자크 루소, 주경복·고봉만 옮김, 책세상, 2018

《인간의 대지》, 앙투안 드 생텍쥐페리, 김윤진 옮김, 시공사, 2014

《자기 앞의 생》, 에밀 아자르, 용경식 옮김, 문학동네, 2003

《질문의 책》, 파블로 네루다, 정현종 옮김, 문학동네, 2013

《철학카페에서 문학 읽기》, 김용규, 웅진지식하우스, 2006

《카프카 평전》, 이주동, 소나무, 2012

《파리대왕》, 윌리엄 골딩, 유종호 옮김, 민음사, 2000

《프란츠 카프카를 읽다》, 권진희, 휴머니스트, 2023

《휴먼카인드》, 뤼트허르 브레흐만, 조현욱 옮김, 인플루엔셜, 2021